LA CONSTITUTION SARKOZY

BASTIEN FRANÇOIS

LA CONSTITUTION SARKOZY

Odile Jacob

www.odilejacob.fr

15, RUE SOUFFLOT, 75005 PARIS
ISBN 978-2-7381-2250-6

MODERNISER LES INSTITUTIONS ?

Il faut savoir gré au président Sarkozy d'avoir tenu ses promesses de candidat. Il avait annoncé qu'il comptait réformer en profondeur la Ve République[1] ; il l'a fait. Valéry Giscard d'Estaing, en son temps, tout à son engagement de « décrisper » la vie politique, avait timidement tenté de rebattre les cartes institutionnelles, vite freiné dans ses ardeurs réformatrices par les barons d'un gaullisme encore vivace. Son passage à l'Élysée permettra cependant la métamorphose imprévue du Conseil constitutionnel en garant suprême de l'État de droit. Son successeur, François Mitterrand, l'auteur du *Coup d'État permanent*, s'est pour sa part si bien accommodé des institutions qu'il avait dénoncées avec fougue pendant trente ans qu'il a profondément contaminé la gauche socialiste avec le virus du présidentialisme. Ayant réuni, en 1992, un comité consultatif pour la révision de la Constitution, placé sous la présidence du doyen

1. Nicolas Sarkozy, « Une démocratie irréprochable », *Le Monde*, 9 mars 2007.

Vedel, il ne fit rien du rapport de ce dernier. À sa décharge, il devait affronter un Sénat arc-bouté sur la défense conservatrice du legs du général de Gaulle, profitant de son droit de veto sur la réforme constitutionnelle pour empêcher tout changement majeur, ou le négociant au prix fort. Jacques Chirac, qui lui n'avait rien promis, fit preuve d'une véritable boulimie en révisant quatorze fois la Constitution, mais sans plan préétabli et sans stratégie, si ce n'est celle d'assurer sa sécurité personnelle, en se concoctant un statut constitutionnel d'« injusticiable[1] ».

Nicolas Sarkozy n'a pas tergiversé. Élu président de la République le 6 mai 2007, il lance la révision de la Constitution lors d'un grand discours à Épinal, le 12 juillet. Par un décret du 18 juillet, il crée un « comité de réflexion et de proposition sur la modernisation et le rééquilibrage des institutions de la Ve République », dit comité Balladur, du nom de l'ancien Premier ministre qui le préside. Ce dernier rend son rapport le 29 octobre[2]. Le 12 novembre, le président de la République donne ses instructions au Premier ministre pour préparer un projet de loi constitutionnelle, dont une première version est prête le 15 décembre. Après quelques hésitations sur le contenu de la réforme mais aussi sur le calendrier, un avant-projet est transmis au Conseil d'État le

1. Bastien François, *Misère de la Ve République*, Paris, Seuil, coll. « Points », 2e éd. 2007.
2. Qui est publié début janvier 2008 (Fayard et La Documentation française), sous le titre *Une Ve République plus démocratique*.

20 mars 2008 et le Conseil des ministres adopte le 23 avril le projet définitif, qui est déposé dans la foulée sur le bureau de l'Assemblée nationale. Après deux lectures dans chaque chambre, la loi constitutionnelle dite « de modernisation des institutions de la Vᵉ République » est définitivement adoptée par le Parlement réuni en Congrès le 21 juillet, par deux voix de majorité, et promulguée le surlendemain. Il s'agit assurément de la plus importante révision de la Constitution depuis les débuts de la Vᵉ République : trente-cinq articles ont été modifiés, trois ont été réécrits *in extenso*, neuf ont été ajoutés. Autrement dit, pour fixer une proportion, près de la moitié de la Constitution a été remaniée. Au point que nombre de commentateurs ont pu parler, avec raison, d'une *Constitution Sarkozy*.

Un étrange consensus

S'il a de la suite dans les idées, ce n'est pas faire injure à notre hyperprésident que de dire que la nouvelle Constitution qu'il a donnée à la France, en juillet 2008, est dans l'air du temps.

Alors que l'on présente généralement la thématique comme n'intéressant pas les Français, la campagne pour l'élection présidentielle de 2007 a été marquée par l'importance des questions institutionnelles, et singulièrement celle des réformes nécessaires de la Constitution de la Vᵉ République. Ce n'est bien sûr pas la première fois sous la Ve République que le sort du régime semble dépendre du résultat de l'élection présidentielle – songeons aux élections de 1969 et, dans une moindre mesure, de 1981 –, mais, cette fois, la situation est différente : tous les candidats, ou presque, s'accordent sur la nécessité d'une réforme constitutionnelle d'ampleur[1]. Surtout, un consensus inédit et un peu surprenant règne dans la classe politique. À gauche comme à droite, le constat est quasi unanime : dans sa forme actuelle, la Ve République a fait son temps. Dans tous les camps, le diagnostic est le même, très critique : la concentration absolue du pouvoir d'État dans la personne d'un président de la République juridiquement et politiquement irresponsable n'est plus acceptable. Tous imputent à l'instauration du quinquennat présidentiel, mis en œuvre pour la première fois en 2002, la responsabilité de cette situation, même si les candidats de gauche y voient d'abord la confirmation de la logique présidentialiste du régime. La réduction de la durée du mandat présidentiel aurait concentré (plus encore) la puissance gouvernante dans la personne du président de la République, désormais à l'abri d'un désaveu populaire *via* les élections législatives – et donc d'une

1. Certains ne s'y intéressent pas du tout, comme Arlette Laguiller ou Frédéric Nihous ; d'autres en ont une vision purement idéologique, comme Jean-Marie Le Pen dont le programme de réforme vise essentiellement à graver dans le marbre constitutionnel les valeurs du Front national (comme la « préférence nationale »). Il en va de même de Philippe de Villiers qui propose par exemple d'« inscrire le mariage dans la Constitution comme étant l'alliance d'un homme et d'une femme dans le but de former une famille ».

« cohabitation » –, posant dès lors la question de la place du Premier ministre au sein de la dyarchie gouvernante et, par voie de conséquence, dans un régime qui reste parlementaire, de la relation du Président avec le Parlement.

Ce diagnostic posé, les solutions avancées semblent diverger, s'agissant du moins de l'ampleur des réformes attendues, alors même que tous s'accordent sur un point : il n'y aura pas de réforme significative de la Constitution de la Ve République sans renforcement de grande ampleur du rôle du Parlement, entendu à la fois comme législateur et comme contrôleur de l'activité gouvernementale ; la plupart des candidats, à gauche et droite, et c'est aussi une nouveauté, ajoutant alors : à la condition également d'instaurer un mandat unique pour les parlementaires. Pour certains, comme Nicolas Sarkozy, il est nécessaire de « rééquilibrer » la Ve République, de l'adapter « aux nouvelles exigences des démocraties modernes » et, en particulier, de mieux assurer la « responsabilité » du pouvoir exécutif afin de le rendre « irréprochable ». Pour d'autres, les plus nombreux, c'est un changement de régime qui semble s'imposer. C'est ainsi que sept des douze candidats à la présidence de la République proposent de passer à une « VIe République » ; l'un d'entre eux, François Bayrou, présentant même devant les Français le texte intégral d'une nouvelle Constitution.

Pour autant, à y regarder de plus près, le clivage ne passe pas entre ceux qui prônent le maintien d'une

Ve République aménagée et ceux qui entendent passer à la « VIe République ». Il ne passe pas non plus entre ceux qui prônent l'établissement d'un régime présidentiel et ceux qui défendent le régime parlementaire : tous les candidats se présentent comme des partisans de ce dernier ; Nicolas Sarkozy, qui veut « moderniser l'esprit et la pratique du texte actuel », prend même la peine de préciser, très justement et à rebours de tous les lieux communs politico-journalistiques, que « si le président de la République est, dans notre pays, la clef de voûte de notre système politique, notre régime est bien parlementaire[1] ». Le clivage passe en fait entre ceux qui souhaitent conserver la structure des pouvoirs de la Ve République – les trois « grands » candidats républicains[2] – et ceux qui la remettent radicalement en cause.

Les plus audacieux sont les « petits » candidats de gauche, à l'exception d'Arlette Laguiller qui ignore la thématique. Tous proposent de supprimer l'essentiel des pouvoirs du président de la République, voire son élection au suffrage universel direct. La « VIe République » de José Bové comme celle d'Olivier Besancenot est un régime d'assemblée, fondé sur la subordination complète du gouvernement à l'Assemblée nationale. Marie-George Buffet comme Dominique Voynet proposent un « retour » à un régime parlementaire de type

1. « Une démocratie irréprochable », art. cité.
2. C'est le cas également de Jean-Marie Le Pen qui, comme tous les candidats qui pensent avoir une chance de figurer au second tour de l'élection, se garde de remettre en cause les pouvoirs du président de la République.

primo-ministériel. On retrouve là, en réalité, un argumentaire ancien de la gauche, qui conteste la coexistence d'un Premier ministre et d'un président de la République se disputant le pouvoir exécutif, et la dimension ultra-personnalisée (héritée de la tradition bonapartiste) de la présidence de la République. La solution proposée consiste à permettre au Premier ministre de jouer véritablement son rôle de chef de l'action gouvernementale sous le contrôle du Parlement et de cantonner le président de la République dans un rôle de garant de l'équilibre constitutionnel et du bon fonctionnement des institutions. Le régime politique proposé est assez proche du modèle primo-ministériel européen, marqué ici par le poids du scrutin proportionnel, un bicamérisme maintenu mais réaménagé (le Sénat perdant l'essentiel de ses pouvoirs), la limitation drastique des outils de rationalisation du parlementarisme, c'est-à-dire des moyens d'action du gouvernement sur le Parlement, mais aussi par l'importance des mécanismes de démocratie directe (initiative citoyenne des lois et référendum d'initiative populaire à tous les niveaux de collectivités publiques)[1].

En dépit du fait que l'un propose une rupture constitutionnelle sous la forme de l'établissement d'une

1. Il faut préciser ici que la thématique « participative » n'est pas le monopole des candidats de gauche. Nicolas Sarkozy par exemple, durant la campagne présidentielle, envisage de permettre à 10 % du corps électoral de provoquer l'examen d'un texte de loi par le Parlement ou de provoquer un référendum abrogatif.

« VIe République » tandis que l'autre défend la Ve République, les deux « grands » candidats de la droite républicaine, François Bayrou et Nicolas Sarkozy, promeuvent en réalité une réforme qui a la même inspiration et débouche sur des propositions similaires à défaut d'être parfaitement identiques. Si François Bayrou est extrêmement virulent dans sa critique de la concentration du pouvoir sous la Ve République, Nicolas Sarkozy n'est pas en reste, sur un ton toutefois plus mesuré : « Il n'est pas sain que le président de la République contrôle, en fait et en droit, l'ensemble de nos institutions[1]. » Tous les deux s'accordent – comme Ségolène Royal, nous y reviendrons – à considérer qu'un président de la République élu au suffrage universel doit « gouverner », et doit même être le gouvernant suprême. Tous deux cherchent alors à redéfinir le rôle présidentiel afin de le rendre plus « responsable », et pour cela s'intéressent tout à la fois aux relations entre le Président et le Premier ministre, aux relations entre le Président et le Parlement, et aux pouvoirs de ce dernier, pensé d'abord comme un contre-pouvoir.

C'est François Bayrou qui est le plus radical sur le premier point puisqu'il propose de substituer au gouvernement le président de la République – qui devrait dorénavant « déterminer » lui-même et « conduire » en personne « la politique de la nation ». Nicolas Sarkozy n'a pas cette audace – et il rejettera une proposition similaire

1. « Une démocratie irréprochable », art. cité.

faite par le comité Balladur en octobre 2007[1] –, mais la logique de son propos va dans le même sens, celle d'un président-gouvernant dont les ministres sont réduits à n'être que des « collaborateurs » et pour qui le premier d'entre eux a principalement pour fonction de servir de fusible politique en cas de besoin. Pour ces deux candidats, le président de la République – qui ne doit pas pouvoir faire plus de deux mandats successifs – doit être en réalité à la tête du gouvernement, un gouvernement resserré (vingt membres pour le premier, quinze pour le second...), que le Président nomme et, surtout, renvoie à sa guise, Premier ministre compris.

S'agissant des relations entre le président de la République et le Parlement, tous les deux défendent la même réforme phare : la possibilité offerte au Président de prononcer chaque année un discours devant le Parlement – l'inspiration américaine est identique chez les deux hommes, mais particulièrement flagrante chez François Bayrou qui parle d'un « message sur l'état de la France » –, et aussi, plus largement, le fait que le président de la République puisse être entendu, à sa demande et à tout

1. Estimant qu'il fallait clarifier les rôles respectifs du président de la République et du Premier ministre, le comité Balladur dessinait dans son rapport le cadre d'une réforme qui viserait « à prendre acte de la prééminence que son élection au suffrage universel direct confère au chef de l'État, qui serait chargé [alors] de "déterminer la politique de la nation". Par souci de conformité avec la pratique existante, l'article 8 de la Constitution serait modifié pour que le président de la République puisse de lui-même mettre fin aux fonctions du Premier ministre sans attendre qu'il remette la démission du gouvernement. Le Premier ministre aurait enfin le soin de "mettre en œuvre" la politique de la nation, sous le contrôle du Parlement devant lequel il demeurerait responsable ».

moment, par les parlementaires. Avec le même argumentaire – la nécessité de rompre avec la tradition du « domaine réservé » –, François Bayrou comme Nicolas Sarkozy proposent une meilleure information du Parlement sur la politique européenne (voire, pour le second, la création d'une commission parlementaire spécialisée), sur la politique étrangère et de défense (avec en particulier un meilleur contrôle des parlementaires sur les opérations militaires extérieures). Même s'il ne s'agit ici que de nuances, c'est le candidat Sarkozy qui va le plus loin en la matière. Il propose par exemple – et il s'agit là d'une véritable rupture avec l'« esprit » de la Ve République – de donner la possibilité au Parlement d'adopter des « résolutions » à caractère politique en matière de politique étrangère. Mais la proposition la plus spectaculaire de Nicolas Sarkozy est bien sûr celle qui consiste à « associer » le Parlement au pouvoir de nomination du président de la République, les choix du Président devant être « avalisés à la majorité qualifiée par les commissions permanentes du Parlement[1] ».

De façon plus générale, ce sont les pouvoirs du Parlement qui, pour chacun des candidats, doivent être accrus. On ne reviendra pas ici sur le détail des propositions, qui sont à peu près identiques, du moins dans l'inspiration : plus forte autonomie des parlementaires,

---

1. Plus tard, notamment au moment de confier au comité Balladur le soin de lui faire des propositions de révision constitutionnelle, Nicolas Sarkozy ne parlera plus que d'un « avis » du Parlement – ce qui est assurément tout autre chose.

en particulier dans la fixation de leur ordre du jour et dans leur initiative législative, conduisant parfois à l'inversion de la hiérarchie entre le gouvernement et le Parlement (dans la discussion des projets de loi par exemple), tandis que sont bridées certaines « armes » du parlementarisme rationalisé (en limitant par exemple les usages possibles de l'article « 49/3 ») ; renforcement des capacités d'expertise et d'audit du Parlement ; statut de l'opposition. Encore une fois, si le propos de François Bayrou est ici le plus précis, c'est Nicolas Sarkozy qui semble aller le plus loin (empruntant l'idée à Ségolène Royal, il propose par exemple que le président de la Commission des finances soit un parlementaire de l'opposition).

La « VIe République » de François Bayrou est donc assez proche du projet présidentiel de Nicolas Sarkozy : il s'agit bien, dans les deux cas, de prendre acte de la pratique présidentialiste de la Ve République et de l'entériner constitutionnellement plutôt que de la corriger, mais sans changer la « nature » du régime, qui reste parlementaire, c'est-à-dire caractérisé par une séparation souple des pouvoirs législatif et gouvernant, autrement dit la nécessaire coopération des deux dans l'élaboration des politiques publiques et la capacité de sanction de l'un sur l'autre (censure *versus* dissolution). L'accroissement des pouvoirs du Parlement voulu par les deux candidats en des termes quasi identiques n'est alors qu'une forme de compensation de la reconnaissance du rôle gouvernant du président de la République. Mais cette « compensation » – dans la logique du contre-pouvoir parlementaire – reste problématique dès lors que le président de la République accapare en entier le pouvoir gouvernant sans qu'il puisse en répondre véritablement devant le Parlement, c'est-à-dire sans pouvoir engager sa responsabilité devant lui et risquer de ce fait la censure parlementaire. De ce point de vue, les projets de François Bayrou et Nicolas Sarkozy peuvent être décrits sur le mode du changement dans la continuité, dans le sens où demeure le découplage du pouvoir d'État et de la responsabilité présidentielle qui fait toute l'ambiguïté du présidentialisme à la française.

On pouvait attendre de la candidate socialiste, Ségolène Royal, un projet en nette rupture avec la pratique de la Ve République, l'un de ses porte-parole, Arnaud Montebourg, étant l'auteur d'un projet de Constitution défendant un régime primo-ministériel où le pouvoir gouvernant est entièrement dévolu à un Premier ministre responsable de son action devant la représentation nationale[1]. Le projet de « Nouvelle République » qu'elle soumet aux électeurs s'inscrit en fait dans le cadre de la Ve République même si, au fil de la campagne, sans rien changer au contenu de ses propositions, Ségolène Royal se mettra à parler plutôt d'une « VIe République ». Comme l'écrit en février 2007 le sénateur Jean-Pierre Bel, chargé par la candidate d'élaborer son projet institutionnel, il s'agit plus

---

1. Arnaud Montebourg, Bastien François, *La Constitution de la 6e République*, Paris, Odile Jacob, 2005.

d'« infléchir » que de « bouleverser ». Le rapport Bel défend alors l'idée d'une « préservation des fondements de la Constitution de 1958 et propose leur évolution pour redonner à notre régime politique l'équilibre qui aurait dû être le sien et qu'il a perdu en raison de sa présidentialisation croissante. [...] Les propositions s'inscrivent donc dans le cadre du régime parlementaire majoritaire dont le chef de l'État demeure la clef de voûte[1] ».

Les propositions de Ségolène Royal se placent ainsi d'emblée sur un chemin très étroit : la dénonciation de la « présidentialisation croissante » du régime tout en revendiquant le rôle de « clef de voûte » pour le Président, l'affirmation de son rôle gouvernant et le contrôle de sa toute-puissance irresponsable[2]. Comme François Bayrou et Nicolas Sarkozy, la candidate socialiste veut promouvoir la figure d'un « président de la République responsable » mais, comme ses concurrents, faute de trouver la martingale constitutionnelle *ad hoc*, elle se contente de proposer de le rendre irresponsable moins longtemps en réduisant à deux le nombre de mandats présidentiels. À l'exception de la perte de la présidence du Conseil supérieur de la magistrature (proposition que l'on retrouve à l'identique chez ses concurrents), tous les pouvoirs du président de la République sont conservés.

1. Ce rapport a été intégralement publié sur le site de la candidate : http://www.desirsdavenir.org/pdf/rapport_bel.pdf.

2. Par exemple (*Le Monde*, 5 mars 2007) : « Concilier la grandeur de la fonction [présidentielle] et la simplicité, exercer pleinement le pouvoir [...] et résister en même temps à cette tentation monarchique à laquelle la République a trop souvent cédé. »

Il ne faut bien sûr pas méconnaître l'ampleur des réformes qu'elle propose (des droits nouveaux accordés à l'opposition au sein du Parlement jusqu'à l'ouverture de ce dernier à des initiatives citoyennes), tout comme la conception élargie qu'elle a des réformes institutionnelles (avec un fort volet de démocratie sociale), voire l'impact symbolique qu'a pu avoir sa campagne électorale avec sa forte dimension « participative ». Le projet de Ségolène Royal, du moins dans la version qu'en donne le rapport du sénateur Bel – instauration de la proportionnelle pour l'élection d'une partie des députés, suppression de l'article « 49/3 » *et* du « vote bloqué », limitation drastique de l'usage des ordonnances, contrôle accru des parlementaires sur leur ordre du jour, multiplication des commissions parlementaires, etc. –, est de nature à bouleverser l'économie des relations entre le gouvernement et le Parlement. Mais le catalogue de mesures un peu hétéroclites que propose la candidate socialiste – lorsqu'il s'agit de promouvoir notamment ce que le rapport Bel nomme un peu abusivement « la République parlementaire » – ne diffère pas beaucoup de celui de ses concurrents, mais aussi de celui de la plupart des candidats à l'élection présidentielle, comme s'il avait existé de nombreux éléments de consensus sur les modalités de renforcement des pouvoirs du Parlement[1].

1. Qu'on retrouvera d'ailleurs, de façon très précise et avec une véritable cohérence systémique, dans le rapport du comité Balladur.

Il faut noter également que Ségolène Royal est celle des « grands » candidats qui affirme le plus clairement sa préférence pour un régime parlementaire et qui se donne les moyens de résister – un peu – à la logique du présidentialisme. Ainsi, dans son projet de « Nouvelle République », le Premier ministre n'est pas seulement nommé par le président de la République, il doit être également investi par l'Assemblée nationale pour pouvoir entrer en fonction. Toutefois, une importante ambiguïté demeure sur la nature des pouvoirs présidentiels et les conditions de leur exercice. Ségolène Royal promet certes de rompre avec le fonctionnement monarchique du régime, mais le pouvoir gouvernant demeure bicéphale et, donc, pour partie irresponsable.

On le voit, la Constitution Sarkozy n'est pas aussi originale que le prétend son principal auteur, d'où d'ailleurs les hésitations et les ambiguïtés d'un grand nombre de parlementaires socialistes pendant le débat constituant. Elle ne fait que traduire l'emprise de la « logique » de la Ve République sur les élites politiques et leur incapacité à penser un modèle constitutionnel alternatif.

Une réforme en trompe l'œil

La feuille de route donnée par Nicolas Sarkozy au comité Balladur, puis au Parlement saisi du projet de réforme constitutionnelle, avait la belle simplicité de l'architecture romane. « Moderniser » nos institutions se déclinait en trois chantiers : responsabiliser le pouvoir présidentiel, renforcer le Parlement et donner de nouveaux droits aux citoyens. Le 23 juillet 2008, lorsque la loi constitutionnelle est finalement promulguée, au terme d'une année de consultations et de débats, qu'en est-il *réellement* ?

LA RESPONSABILITÉ POLITIQUE SELON SARKOZY

C'est avec la « responsabilité » comme mot d'ordre que Nicolas Sarkozy avait annoncé durant la campagne présidentielle son intention de réviser la Constitution. « Il ne peut y avoir de pouvoir fort sans responsabilité forte », a-t-il expliqué une fois élu, le 12 juillet à Épinal, en précisant que « dès lors que le Président gouverne », ce dernier doit « rendre davantage de comptes ». Pour cela, Nicolas Sarkozy estimait nécessaire que le Président « puisse s'exprimer au moins une fois par an devant le Parlement pour expliquer son action et pour rendre compte de ses résultats », mais aussi que le pouvoir présidentiel de nomination « soit encadré pour les postes de haute responsabilité [et] que la décision soit partagée avec le Parlement ». Durant la campagne, le candidat

UMP affirmait d'ailleurs dans son programme – il est assez piquant de le rappeler aujourd'hui – que « les nominations aux fonctions les plus importantes de l'État se [feront] sur des critères de compétences et de hauteur de vue, et non sur des critères de proximité avec le pouvoir politique en place. Les candidats à ces nominations seront auditionnés publiquement par le Parlement et celui-ci pourra mettre son veto à leur nomination ».

Pouvoir s'exprimer devant le Parlement ? L'idée est assez curieuse parce que, généralement, on rend compte de son action ou de ses résultats devant ceux qui vous ont mandaté pour agir. Ainsi, un Premier ministre dans un régime parlementaire rend compte de son action – et rend des comptes – devant le Parlement dans la mesure où il est issu d'une majorité qui s'est dégagée à l'occasion des élections législatives et qui peut à tout instant lui retirer sa confiance ou, en tout cas, chercher à infléchir la politique qu'il mène. Or, en France, le président de la République ne doit rien au Parlement (il a d'ailleurs été élu *avant* les élections législatives). Pourquoi faudrait-il alors qu'il se présente devant lui ? En réalité, cette disposition aurait du sens si le président de la République devenait constitutionnellement et explicitement le chef de l'exécutif (c'est ce qu'avait proposé très maladroitement le comité Balladur). Mais alors, puisque nous restons dans un régime parlementaire, il devrait être responsable – au sens constitutionnel – devant l'Assemblée nationale, c'est-à-dire prendre le risque de subir sa censure et d'être obligé de démissionner face à la défiance parlementaire (le comité Balladur n'était bien entendu pas allé jusque-là...). Ce qui est difficile à imaginer : pourquoi la légitimité élective des députés l'emporterait-elle sur celle, de même nature, du président de la République ? Mais alors, si le *vrai* chef de l'exécutif ne peut pas être renversé par l'Assemblée nationale, nous ne sommes plus dans un régime parlementaire mais dans un régime présidentiel et il faut l'assumer. Dans ce cas, il faut augmenter considérablement les pouvoirs du Parlement, assurer sa totale indépendance vis-à-vis du pouvoir exécutif et supprimer le droit de dissolution de l'Assemblée nationale par le président de la République. Solution que personne ne souhaite véritablement...

Il y a donc là de quoi être perplexe. De quelle responsabilité parle donc Nicolas Sarkozy ? Lorsqu'il évoque le discours annuel devant le Parlement d'un Président qui gouverne, c'est celle de tout chef qui, dans une organisation soumise aux impératifs contemporains de la communication, exerce effectivement le pouvoir qui lui a été confié et explique alors ce qu'il fait. Mais, la responsabilité politique ce n'est pas cela, pas que cela.

Dans les démocraties parlementaires – ce qu'est la Ve République, même « présidentialisée[1] » –, elle se mesure d'abord par rapport à l'état d'une *relation* qui

1. Cette « présidentialisation » n'est pas une exception française, elle caractérise toutes les démocraties parlementaires, mais bénéficie alors au Premier ministre qui, lui, est responsable devant le Parlement. Voir Thomas Poguntke, Paul Webb (éds.), *The Presidentialization of Politics : A Comparative Study of Modern Democracies*, Oxford, Oxford University Press, 2005.

se dénomme « confiance ». Les gouvernants doivent être en permanence en mesure de *rendre des comptes* sur l'usage qu'ils font ou ont fait de la confiance qui leur a été accordée. Cette confiance, qui peut être renouvelée à tout moment, peut disparaître aussi subitement. Avec la Constitution Sarkozy, le gouvernant suprême – le président de la République – choisira son calendrier et le thème de son discours, vantera les mérites de son action, n'aura même pas à écouter poliment les louanges de ses supporters et les critiques de ses opposants puisque le débat parlementaire se déroulera « hors sa présence », et s'en retournera tranquillement à l'Élysée, son devoir communicationnel accompli. À aucun moment, la question de confiance ne pourra être posée. Drôle de responsabilité qui s'apparente au bon plaisir.

Être responsable politiquement, c'est aussi, après avoir rendu des comptes, *tenir compte.* C'est pour cela que les parlementaires disposent d'un moyen de pression : la menace de censurer – de renvoyer – le gouvernement. Ici, le président de la République, qui a pourtant absorbé dans sa personne tout le gouvernement, ne pourra être censuré – les parlementaires ne pourront pas exprimer leur confiance ou leur défiance par un vote à la suite de l'intervention présidentielle – alors qu'il conservera l'arme disciplinaire de la dissolution de l'Assemblée nationale. C'est ainsi un Président hors d'atteinte, mais potentiellement menaçant, qui se présentera quand il le souhaitera devant le Parlement. On se demande où est le « rééquilibrage » annoncé des institutions…

La responsabilité politique selon Nicolas Sarkozy c'est donc ça : un président de la République tout-puissant qui, sans prendre le moindre risque, daigne venir expliquer sa politique devant les parlementaires. Autant organiser directement cette opération de communication à la télévision…

Certains diront qu'il s'agit d'un point mineur, qui n'accroît en rien les pouvoirs du président de la République et qui est d'ailleurs en deçà de ce qu'espérait Nicolas Sarkozy. Le Président souhaitait initialement pouvoir prendre la parole à tout moment devant l'Assemblée ou le Sénat. Les parlementaires ne l'ont finalement autorisé qu'à s'exprimer devant le Parlement réuni en Congrès à Versailles, ce qui enlève beaucoup d'intérêt politique au dispositif. Mais si Nicolas Sarkozy, comme il s'en est plusieurs fois expliqué et comme le soulignent tous les commentateurs, a fait inscrire dans la Constitution le droit de se présenter devant le Parlement, c'est pour bien marquer le fait que c'est lui qui détermine la politique de la nation. C'est bien sûr le cas *dans la pratique*, mais au prix de l'abandon *de fait* du principe de responsabilité politique. Fallait-il se résigner à entériner cette pratique et ce fait dans le corps même de la Constitution ? Accepter que le président de la République s'exprime ainsi devant le Parlement a pour conséquence d'officialiser une pratique démocratiquement déviante – le découplage entre l'exercice du pouvoir d'État et la responsabilité politique des gouvernants. C'est graver symboliquement dans le marbre constitutionnel un principe d'irresponsabilité des gouvernants et le dévoiement présidentialiste de la Ve République.

On rétorquera sans doute que la critique est excessive. La Constitution Sarkozy ne prétend-elle pas, dans le même temps, limiter les possibles abus de pouvoir présidentiel en accroissant les pouvoirs du Parlement ? Ne donne-t-elle pas un signal fort de cette volonté en faisant intervenir les parlementaires dans la nomination des plus hauts responsables publics ? En réalité, il s'agit là d'une autre illustration de l'ambiguïté de la conception sarkozienne de la responsabilité politique. Que le Parlement auditionne (si possible publiquement, ce qui n'est pas du tout assuré par le texte de la Constitution Sarkozy) les hommes et les femmes que le président de la République souhaite nommer aux plus hautes responsabilités de l'État, que les parlementaires puissent à cette occasion exprimer leur sentiment sur telle ou telle nomination constituent assurément une avancée. Mais, que peut-on raisonnablement en attendre ? Le président de la République risque-t-il quelque chose en soumettant à l'avis des parlementaires certaines des nominations auxquelles il procède (sont exclues les plus importantes d'entre elles : les directeurs d'administration centrale, les préfets, les recteurs ou encore les ambassadeurs) ? Il est à craindre que l'avis donné par les députés et les sénateurs, formulé par des commissions qui pourront siéger à huis clos et composées majoritairement de parlementaires soutenant le gouvernement, soit toujours favorable au président de la

République (sauf pour un président de gauche face au Sénat, à qui la Constitution Sarkozy accorde ainsi une nouvelle tribune à défaut d'un véritable pouvoir puisque l'avis des parlementaires ne lie pas le président de la République). Quant à la possibilité ouverte aux parlementaires de s'opposer à une nomination présidentielle – une sorte de droit de veto –, elle obéit à une condition de majorité telle qu'elle n'est qu'une vue de l'esprit. Et puis, parce qu'ici comme ailleurs dans la Constitution Sarkozy, des avancées masquent des reculs ou des silences, il aurait sans doute été utile de définir précisément le champ des nominations présidentielles avant de prévoir leur contrôle. En l'état des textes, la liste des emplois pourvus en Conseil des ministres, et exigeant donc la signature du président de la République, est notamment établie par… décret en Conseil des ministres, autrement dit (hors période de cohabitation) à la discrétion du président de la République. Mais de cela, qui constitue le cœur du pouvoir présidentiel, faut-il s'en étonner, la Constitution Sarkozy ne dit rien.

La Constitution Sarkozy, faute de toucher véritablement aux conditions d'exercice démocratique du pouvoir gouvernant, n'a pas porté atteinte au principe d'irresponsabilité politique qui s'est enkysté dans nos institutions en même temps que le présidentialisme majoritaire qui le rend possible. Le président de la République, chef réel du gouvernement, quoi qu'en dise le texte de la Constitution, continuera à n'être responsable devant personne ; les parlementaires verront certes leurs pouvoirs accrus, mais l'hôte de l'Élysée sera toujours inatteignable. Ironie de l'histoire, le seul point véritablement novateur de la Constitution Sarkozy, unanimement salué, n'a pas porté sur une pseudo-responsabilisation du chef de l'exécutif, mais a consisté à amputer les pouvoirs du président de la République en lui enlevant la présidence du Conseil supérieur de la magistrature...

À la décharge des conseillers qui rédigent les discours et projets présidentiels, des personnalités réunies dans le comité Balladur, des conseillers d'État qui se sont penchés sur l'avant-projet de révision de la Constitution, des experts gouvernementaux qui ont apporté les dernières retouches à ce qui allait devenir la Constitution Sarkozy ou encore des parlementaires qui ont longuement discuté de ses différentes dimensions, il était sans doute impossible de régler *le* problème démocratique majeur du système politique français – l'articulation entre l'hyperpuissance de fait du président de la République et un mécanisme d'engagement de sa responsabilité politique –, dans le cadre maintenu de la Ve République telle qu'elle se pratique depuis cinquante ans.

UN RENFORCEMENT DU PARLEMENT ?

La Constitution Sarkozy modifie profondément certaines dimensions du fonctionnement du Parlement et certaines des règles qui encadrent ses relations avec le gouvernement. La réforme est assurément importante, très importante même. Qu'on en juge : le Parlement, qui voit ses fonctions pour la première fois explicitées – voter la loi, contrôler le gouvernement, évaluer les politiques publiques –, aura la maîtrise de la moitié de son ordre du jour, ne sera plus sous la menace permanente de l'article « 49/3 » (qui permet de faire adopter un texte sans vote), pourra voter des résolutions exprimant son opinion sur tel ou tel sujet, aura un droit de regard sur la prolongation des interventions militaires à l'étranger, se prononcera sur certaines nominations présidentielles, disposera pleinement de la Cour des comptes pour contrôler l'action du gouvernement et évaluer les politiques publiques, engagera la discussion des projets de loi gouvernementaux sur le texte que ses commissions permanentes (dont le nombre est augmenté) ont amendé, aura plus de temps pour préparer la délibération en séance publique – grâce à l'instauration d'un délai entre le dépôt du texte et sa discussion – et pourra s'opposer à la procédure d'urgence décidée par le gouvernement, mais aussi à un projet de loi qui n'aurait pas fait l'objet d'une étude d'impact préalable.

Il faut assurément s'en réjouir. Alors que les constituants de 1958 avaient pour principal objectif de brider le Parlement et s'y étaient employés avec un systématisme féroce – jamais sans doute, au cours de deux siècles d'histoire du parlementarisme pourtant riche d'innovations constitutionnelles, on n'avait vu une telle débauche de moyens mis au service de la suprématie du pouvoir exécutif, une telle combinatoire d'instruments de discipline parlementaire –, ceux de 2008 ont cherché à valoriser le Parlement, à rétablir le rôle de la représentation nationale, à ressusciter un espace délibératif.

Faut-il alors se contenter d'applaudir la Constitution Sarkozy ? Ce serait oublier que le président de la République et ses conseillers sont d'exceptionnels joueurs de bonneteau, des as du trompe-l'œil. Le Parlement aura-t-il effectivement la maîtrise de la moitié de son ordre du jour ? Pas vraiment, tant le gouvernement pourra empiéter sur le temps réservé aux députés et aux sénateurs mais aussi jouer de la concurrence entre les deux chambres. Le Parlement sera-t-il vraiment débarrassé de la menace de l'emploi de l'article « 49/3 » ? C'est oublier que cet article n'a été utilisé en réalité que trois fois durant les deux dernières législatures et que le gouvernement dispose de bien d'autres moyens pour imposer sa volonté à une majorité rétive ou à une opposition combative. Le Parlement pourra-t-il voter comme il l'entend des résolutions ? Oui, mais à la condition que le gouvernement n'y voie pas une mise en cause de sa responsabilité ou une injonction à son égard. Le Parlement aura-t-il un droit de regard sur la prolongation des interventions militaires à l'étranger ? Certes, mais aucun contrôle sur les accords de défense et les engagements d'assistance souscrits par la France qui servent de fondement à ce type d'intervention. Le Parlement se prononcera-t-il sur certaines nominations présidentielles ? Oui, mais sans pouvoir véritablement s'y opposer. Le Parlement disposera-t-il de plus de temps pour travailler ? Oui, mais le gouvernement disposera toujours de la possibilité de décider de mettre en œuvre la procédure d'urgence – rebaptisée pudiquement « procédure accélérée » – et il sera en fait très difficile de s'y opposer.

La réforme est spectaculaire ; elle rompt cependant moins qu'on ne l'imagine avec l'« esprit » originel de la Ve République et témoigne avant tout du fait que les réflexes les plus archaïques du parlementarisme rationalisé d'antan ont la vie dure. Sans oublier les inquiétudes qu'elle peut susciter, lorsqu'elle ouvre en particulier la boîte de Pandore d'une réforme du droit d'amendement.

Mais ne soyons pas trop sévère avec la Constitution Sarkozy. S'agissant des droits du Parlement, la réforme comme on l'a dit est importante et les lecteurs de La Fontaine ne manqueront pas de se rappeler qu'« un tiens vaut, ce dit-on, mieux que deux tu l'auras ; l'un est sûr, l'autre ne l'est pas ». Sauf qu'un doute s'insinue immédiatement à l'esprit dès lors que l'on se projette dans l'application de la réforme. Sommes-nous bien sûrs qu'elle s'appliquera ? Il ne s'agit pas ici d'un problème juridique. Avant même la Constitution Sarkozy, les députés et sénateurs disposaient de nombreux moyens pour contrôler l'action du gouvernement, amender ses textes, proposer des orientations des politiques publiques. Pourquoi le feraient-ils demain alors qu'ils ne le faisaient pas hier ?

N'en déplaise au politiquement correct, il faut faire le constat d'un faible investissement des élus dans le travail parlementaire. La principale raison tient sans doute au cumul d'un mandat national et d'un mandat local, parfois très important (président d'une région ou maire d'une grande ville). À la fin de la IIIe République, à la suite des élections législatives de 1936, un peu plus d'un tiers (35,7 %) des députés détenaient un mandat local. Sous la IVe République, le taux de cumul passe à 42 % (en 1956). C'est sous la Ve République que la proportion d'élus cumulants a connu une progression considérable. En 1973, plus de 70 % des députés détiennent un mandat local ; en 1988, 96 % des députés sont dans cette situation et depuis lors cette proportion est restée stable. La « nationalisation » de la vie politique, qui passe par une consolidation de l'implantation locale des élus nationaux, le mode de scrutin législatif, qui favorise (ou implique) la constitution de fiefs électoraux locaux, la nécessité d'assurer aux « professionnels » de la politique une forme d'assurance-chômage contre les revers électoraux, les réformes de la décentralisation (depuis 1982), qui valorisent la conquête de positions locales mais aussi de nouvelles formes d'articulations centre/périphérie, expliquent cette progression exponentielle du cumul des mandats. Ce phénomène unique au monde, du moins dans les démocraties des pays développés, est la source de nombreux dysfonctionnements. Parfois défendu au nom d'un argument de proximité démocratique – la détention d'un mandat local permettant d'être mieux au fait des « réalités profondes » du pays[1] –, le cumul des mandats est de plus en plus souvent dénoncé. Accusé d'être la source de nombreux conflits d'intérêts pouvant conduire parfois à de la corruption[2] et de transformer les représentants de la nation en lobbyistes des collectivités territoriales, il a surtout pour conséquence d'empêcher tout travail parlementaire sérieux, les tâches de gestion locale devenant de plus en plus lourdes et accaparantes.

Le désinvestissement chronique des parlementaires et leur absentéisme doivent aussi pour une part importante à la forte discipline de vote dans la plupart des groupes parlementaires, la très faible autonomie des parlementaires de la majorité par rapport au gouvernement et l'absence presque totale de marge de manœuvre pour l'opposition. À cela, il faut encore ajouter le poids de la mondialisation et de l'européanisation des politiques publiques. Aujourd'hui, plus de la moitié des lois ne font qu'entériner des accords internationaux négociés par le pouvoir exécutif sans que le Parlement ait un droit de regard dessus. Il en va de même, mais de façon différente, pour la transposition de la législation européenne dans la législation française. Si le rôle des parlementaires s'est accru en matière européenne – ils sont mieux informés en amont des projets d'actes juridiques de l'Union euro-

1. L'argument est en réalité assez peu recevable, du moins tant que le mode de scrutin, comme c'est le cas aujourd'hui, est fondé sur l'élection d'un député dans le cadre d'une circonscription de petite taille.
2. Yves Mény, *La Corruption de la République*, Paris, Fayard, 1992.

péenne et peuvent désormais adopter des résolutions sur ces textes –, le Parlement reste très largement en retrait sur la politique européenne.

Cette situation générale a des effets délétères. Elle favorise d'une part les stratégies d'obstruction, notamment par l'utilisation disproportionnée du droit d'amendement. L'une des manifestations les plus spectaculaires de cette obstruction a été le dépôt de plus de 100 000 amendements sur le projet de loi organisant la fusion de Gaz de France et de Suez en septembre 2006. D'autre part, et à l'inverse en quelque sorte, le cumul des mandats et la faiblesse du rôle des parlementaires les conduisent à un repli sur un rôle d'intercesseur d'intérêts particuliers. On en trouvera une bonne illustration dans l'inflation récente des « questions écrites » posées au gouvernement (plus de 30 000 en 2006 à l'Assemblée nationale, contre moins de la moitié en 2002). Ces « questions » qui sont adressées aux ministres dans le but soit d'obtenir des éclaircissements sur la législation, soit de faire préciser un aspect de la politique du gouvernement sont en réalité de plus en plus utilisées par les parlementaires pour transmettre des demandes de leurs électeurs.

La stabilité gouvernante de la Ve République a été payée à un prix exorbitant : non pas seulement l'effacement du Parlement, mais surtout la disparition de toute démocratie délibérative. Désormais à la tête de petites entreprises politiques personnelles (depuis 1976, les parlementaires peuvent recruter un collaborateur grâce à un crédit qui leur est accordé à cet effet ; leur nombre a été porté à trois en 1995), la plupart des élus de la nation – de plus en plus « professionnalisés » – occupent l'essentiel de leur temps à soigner leur clientèle électorale et à consolider leur fief local.

De cela, la Constitution Sarkozy n'a pas pris la mesure. Ou, plus sûrement, elle a écarté sciemment les conclusions qui auraient pu être tirées d'un tel constat. Les parlementaires gagnent de nouveaux pouvoirs, mais quand trouveront-ils le temps de préparer des propositions de loi, de réécrire en commission les projets du gouvernement, de suivre l'élaboration de la construction européenne, de piloter les études nécessaires à une véritable évaluation des politiques publiques, voire de contrôler sur pièces et sur place les multiples facettes de l'action du gouvernement ? La principale hypocrisie de la réforme constitutionnelle est bien là. En ne s'intéressant pas aux conditions de possibilité du renouveau parlementaire qu'elle prétend impulser, qu'il s'agisse du mandat unique pour les députés et sénateurs, mais aussi des effets néfastes de la discipline majoritaire (comme on va le voir), elle risque bien de n'être qu'un coup d'épée dans l'eau.

Mais le problème est plus profond encore et, d'une certaine façon, plus pernicieux. Si les parlementaires passent l'essentiel de leur temps dans leurs fiefs locaux, c'est que le travail parlementaire n'est pas intéressant. Il ne se passe rien au Parlement. Et cela, on le doit d'abord à la chape de plomb de la discipline majoritaire qui a progressivement transformé le Parlement en ectoplasme. Le principal acquis de la Ve République – la stabilité et l'efficacité gouvernantes – s'est paradoxalement transformé en piège mortel pour la démocratie.

Si l'objectif premier de la Constitution de 1958 était de renforcer le pouvoir gouvernant – dans le cadre maintenu d'un régime de type parlementaire –, cet objectif ne pouvait être atteint si l'instabilité des relations entre partis et l'indiscipline intrapartisane au Parlement conduisaient, comme sous la IVe République, à une instabilité gouvernementale chronique. Pour cette raison, le problème de la *majorité parlementaire* était au cœur des préoccupations des constituants. On peut même dire que le problème de la majorité – de son absence serait-il plus juste d'écrire – était ce qui donnait du sens à l'ensemble du dispositif de rationalisation du parlementarisme mis en place en 1958. En effet, nul ne songeait, à la fin des années 1950, à la possibilité d'une majorité parlementaire stable et disciplinée soutenant le gouvernement tout au long des cinq années d'une législature. À l'exception du parti communiste, très discipliné et qui recueillait (lors des élections législatives de 1956) plus du quart des suffrages – et qui inquiétait pour ces deux raisons –, le système politique français semblait condamné à un multipartisme faiblement structuré. Dans l'esprit des constituants, mais aussi des différents commentateurs politiques, les nouvelles institutions devaient donc s'adapter à cette donnée apparemment immuable. La Ve République était donc, de ce point de vue, un dispositif institutionnel qui permettait de suppléer à l'absence, pensée comme quasi structurelle, d'une véritable majorité de gouvernement.

La dissolution de l'Assemblée nationale prononcée par le général de Gaulle en 1962 va pourtant être la première étape d'un processus de recomposition structurelle de la vie politique. Le Parlement va être ainsi au cœur d'une véritable révolution au regard de l'histoire politique française : l'établissement du « fait majoritaire » – l'existence d'une majorité politiquement cohérente à l'Assemblée nationale soutenant de façon disciplinée le pouvoir exécutif pendant la durée d'une législature –, puis de la bipolarisation du système de partis qui se consolide au cours des années 1970. À partir des élections législatives de 1962, tous les gouvernements de la Vᵉ République bénéficieront d'une majorité à l'Assemblée nationale. Ces majorités parlementaires présenteront des visages divers et seront inégalement soudées ; ces regroupements majoritaires vont se faire sur des fondements ou des clivages très différents et le sens même de la notion de majorité va se modifier avec l'apparition de l'idée de « majorité présidentielle ». Il n'en reste pas moins que, pour la première fois dans l'histoire de la République en France, la vie politique et parlementaire va se structurer durablement autour de camps fortement marqués politiquement, interdisant les alliances de circonstance, le jeu sans cesse renouvelé des soutiens et des retraits tactiques. C'est à l'apprentissage de ce « fait majoritaire » – marqué par des à-coups et des conflits, particulièrement spectaculaires durant la seconde partie du septennat de Valéry Giscard d'Estaing – que vont être confrontées les assemblées jusqu'à la double alternance, présidentielle et parlementaire de 1981, désormais saisies par la loi d'airain de la bipolarisation des forces politiques.

Cette transformation structurelle de la vie politique a permis l'alternance au pouvoir (depuis 1981) et la « cohabitation » (1986-1988, 1993-1995, 1997-2002). Elle s'est accompagnée d'une transformation très profonde des relations entre le Parlement et le pouvoir exécutif, qui a pu affecter le sens même de certaines dispositions constitutionnelles (ainsi, par exemple, la dissolution de l'Assemblée nationale n'est plus une arme d'arbitrage présidentiel en cas de crise entre le gouvernement et les députés, mais un outil pour façonner une majorité parlementaire accordée à celle qui a élu le président de la République), ou conduire à certaines révisions de la Constitution (comme l'élargissement de la saisine du Conseil constitutionnel, en 1974, aux parlementaires – en réalité, à l'opposition). Elle a progressivement conduit à un aggiornamento du travail parlementaire, marqué notamment, à partir de 1981, par la montée en puissance des groupes parlementaires et leur rôle de « disciplinarisation » des élus de chaque camp. Elle a surtout produit une subordination accrue des parlementaires. Si désormais, grâce au « fait majoritaire », le Parlement n'est plus un facteur structurel d'instabilité, le pouvoir exécutif conserve en revanche toutes ses armes constitutionnelles pour le discipliner, entraînant un déséquilibre encore plus marqué entre les pouvoirs, mais aussi la disparition de toute « vie » parlementaire.

La Constitution Sarkozy change-t-elle quelque chose à cela ? On peut en douter. Pourquoi la majorité disciplinée d'hier, aux ordres du pouvoir gouvernant, désormais élue pour soutenir un président de la République (depuis la réforme de 2000), profiterait-elle demain de ses nouveaux pouvoirs pour le bousculer, lui demander des comptes, ou tout simplement lui faire des propositions ? Le voudrait-elle d'ailleurs, que le pouvoir exécutif saurait la rappeler à la réalité des institutions. Écoutons le Premier ministre, François Fillon, recevant à déjeuner à Matignon, le 22 octobre 2007, le président du groupe parlementaire UMP, Jean-François Copé, venu évoquer avec lui une « coproduction législative » entre la majorité et le gouvernement : « Non, nous n'avons pas changé de République, nous sommes encore dans un système où c'est le gouvernement qui fait ses propositions et qui engage le débat avec le Parlement. » CQFD.

La solution est pourtant simple, et d'ailleurs parfaitement identifiée par le comité Balladur. Elle ne consiste pas tant à donner plus de pouvoirs à la majorité parlementaire qui, c'est parfaitement légitime, est d'abord là pour soutenir le président de la République et son gouvernement. Dans un système politique marqué depuis plus de quarante ans par la bipolarisation des forces politiques et le « fait majoritaire » – et dans lequel, comme dans toutes les démocraties parlementaires européennes, le rôle du Parlement est moins de fabriquer la loi que de contrôler le gouvernement et d'évaluer les politiques qu'il conduit –, tout le monde s'accorde à penser que l'on ne revitalisera le Parlement que si l'on donne de véritables marges de manœuvre en son sein à l'opposition. Certes, le problème avec l'opposition, pour le pouvoir exécutif, c'est qu'elle s'oppose. Mais elle peut s'opposer de façon plus ou moins intelligente, plus ou moins constructive.

La Constitution Sarkozy n'ignore pas cette question, mais elle y répond de façon homéopathique et sibylline. Si elle donne une existence constitutionnelle à la notion d'opposition – sans la définir toutefois –, elle n'en fait rien de concret, ou presque. Pour l'essentiel, elle accorde à l'opposition parlementaire « un jour de séance par mois » de l'ordre du jour, qu'elle devra partager avec les « groupes minoritaires »... de la majorité. L'« avancée » est un peu ridicule. Surtout, elle ne porte pas sur l'essentiel, c'est-à-dire sur le contrôle que doit exercer le Parlement sur l'action du gouvernement. Si l'on voulait vraiment dynamiser le travail parlementaire, il faudrait ouvrir aux parlementaires de l'opposition un véritable droit d'initiative sur les différentes procédures de contrôle qui existent généralement dans les systèmes politiques modernes, notamment la création de commissions d'enquête, l'audition de ministres et de responsables administratifs de la conduite des politiques publiques ou encore la saisine de la Cour des comptes ; il faudrait que les présidences des commissions qui examinent les propositions et projets de loi soient constitutionnellement réparties à la proportionnelle des groupes parlementaires ; il faudrait que soit instauré un principe d'égalité entre la majorité et l'opposition dans la répartition des temps de parole. Bref, il faudrait reprendre l'ensemble des voies d'intervention du Parlement sur la politique gouvernementale et instaurer des procédures qui, sans le mettre nécessairement en danger, obligeraient le gouvernement à s'expliquer ou à rendre des comptes. La Constitution Sarkozy n'avance pas d'un iota dans cette direction. Mais le président de la République voulait-il vraiment d'un Parlement en mesure de contrôler l'action du gouvernement et, ne serait-ce que très indirectement, la sienne ? À y regarder de près, rien ne l'indique.

Reste un dernier problème, qui ne vide pas la réforme constitutionnelle de toute sa substance mais, en tout état de cause, lui retire une grande part de son intérêt démocratique. À quoi sert en effet de donner plus de pouvoirs à un Parlement si ce dernier ne représente pas bien les Français ? (Et, pourrait-on ajouter, les étrangers vivant régulièrement en France...) Au cœur de cette question, il y a bien sûr le mode d'élection des députés au scrutin uninominal majoritaire à deux tours (avec un seuil d'accès au second tour). Ce mode de scrutin a des effets importants sur la transformation des voix en sièges. Lors des législatives de 1997 et 2002, le vainqueur de l'élection emporte, en proportion, presque deux fois plus de sièges qu'il n'a obtenu de voix au premier tour. Ainsi le PS qui a obtenu 23,5 % des voix au premier tour obtient 43,3 % des sièges au terme du second tour des législatives de 1997. De façon encore plus spectaculaire, l'UMP avec 33,3 % des voix au premier tour des législatives de 2002 réussit à obtenir au final 63,25 % des sièges. En 2007, la situation est un peu plus équilibrée même si la prime au vainqueur reste très importante (et lui permet en tout cas d'avoir la majorité absolue des sièges). En raison de la bonne implantation de leurs députés mais aussi d'accords préélectoraux au sein de chaque coalition, les partis politiques de « second rang » – comme le PC – peuvent obtenir des sièges dans une proportion presque équivalente à leur résultat en termes de suffrages et peuvent même parfois tirer profit du mode de scrutin lorsque la conjoncture politique leur est favorable. *A contrario*, quand un parti sort de ce système d'alliances, comme l'UDF en 2007, la sanction est très lourde. Avec ce mode de scrutin, des partis faiblement implantés électoralement – c'est le cas des Verts – sont laminés et ne doivent ne doivent les sièges qu'ils obtiennent qu'à leur présence dans une coalition partisane. Il est pratiquement impossible d'être élu à l'Assemblée pour les candidats d'organisations politiques – comme le FN, mais l'on pourrait également évoquer l'extrême gauche – qui n'appartiennent pas à des coalitions à vocation majoritaire. Cet effet de déformation de la représentation des différents courants politiques est accentué par le fait que les partis de gouvernement ont une base électorale de plus en plus faible, en raison de la montée de l'abstention et de la croissance des votes en faveur des partis d'extrême gauche ou d'extrême droite. Alors qu'à la fin des années 1960 les coalitions de gauche et de droite rassemblaient presque 80 % des électeurs inscrits, elles en rassemblent moins de 50 % depuis les années 2000.

LES EFFETS DE DISTORSION DU SCRUTIN MAJORITAIRE
Résultats en voix et en sièges des principaux partis français aux élections législatives de 1997, 2002 et 2007.
(En % des suffrages exprimés et des sièges à l'Assemblée nationale)

	Voix 1er tour des législatives 1997	Sièges 1997	Voix 1er tour des législatives 2002	Sièges 2002	Voix 1er tour des législatives 2007	Sièges 2007
PS	23,5	43,3	24,1	24,4	24,7	32,2
PC	9,9	6,2	4,8	3,6	4,3	2,6
Verts	3,6	1,2	4,5	0,5	3,2	0,7
RPR/ UMP*	15,7	24,3	33,3	63,25	46,3	56,3
UDF	14,2	19,6	4,9	5	7,6	0,5
FN	14,9	0,17**	11,34	0	4,3	0

* Ont été ajoutés pour 2007 les anciens députés UDF ralliés à la candidature présidentielle de Nicolas Sarkozy qui ont été élus avec les voix de l'UMP.
** Soit un député, dont l'élection sera ensuite invalidée par le Conseil constitutionnel.

À ce premier constat, il faut ajouter que si la réforme de la parité en 2000 a eu des effets non négligeables (18,5 % des députés sont des femmes en 2007 contre 10,9 % en 1997), ce mode de scrutin freine la féminisation de l'Assemblée nationale. Il en va de même, mais de façon beaucoup plus accentuée, pour ce que l'on nomme les « minorités visibles » et en particulier les citoyens issus de l'immigration africaine et maghrébine. Ces inégalités de représentation valent aussi pour les générations. On assiste à un vieillissement des parlementaires, bien au-delà du simple effet « naturel » de vieillissement des enfants du baby-boom. En 1981, 38,1 % des députés avaient moins de quarante-cinq ans ; ils ne sont plus que 13,2 % en 2007. Aujourd'hui, les plus de cinquante-cinq ans représentent la majorité absolue des députés (59 %, contre 48 % en 2002). Pour le dire de façon plus imagée : il y a neuf députés de plus de soixante ans pour un représentant de moins de quarante[1]... Ce vieillissement accentue la faible rotation du personnel politique, de plus en plus professionnalisé et très fortement implanté localement grâce à la pratique du cumul des mandats locaux et nationaux. Si on ajoute à tout cela les caractéristiques socioprofessionnelles des députés (avec notamment une très forte surreprésentation des députés issus de la fonction publique, enseignants ou cadres supérieurs, et une sous-représentation des employés et des ouvriers – 6 % des députés proviennent de ces catégories sociales qui représentent plus de la moitié de la population active), on peut comprendre pourquoi la question de la représentativité des députés se pose avec autant d'acuité. Comment penser que l'Assemblée nationale pourrait jouer un rôle politique majeur

1. En Angleterre, le rapport est de 3, en Italie de 2,6, en Allemagne de 0,78, en Suède de 0,4. Sur ce vieillissement et le « trou générationnel » qui s'est creusé ces vingt dernières années, voir les analyses de Louis Chauvel, http://www.laviedesidees.fr/L-age-de-l-Assemblee-1946-2007,81.html.

demain si elle reste ce qu'elle est : un club de mâles blancs bourgeois et sexagénaires ?

Si le projecteur a été principalement braqué récemment sur l'Assemblée nationale, ce type de constat vaut aussi pour le Sénat où, de surcroît, depuis les débuts de la Ve République la majorité sénatoriale a constamment été orientée à droite (en dépit des succès électoraux répétés de la gauche aux élections locales). Un Premier ministre en exercice, Lionel Jospin, parlera à son propos, en 1998, d'« anomalie » démocratique. En 2003, une réforme d'initiative sénatoriale a réduit la durée du mandat de ses membres (qui passe de neuf à six ans) et a modifié, à la marge, leur mode d'élection (les sénateurs sont élus au suffrage universel indirect par un collège électoral composé essentiellement d'élus locaux, avec une surreprésentation des plus petites communes). Cette réforme ne change rien à la situation politique : « Quand la gauche perd tout, elle perd tout ; quand la droite perd tout, elle conserve le Sénat », a résumé le constitutionnaliste Guy Carcassonne. La Constitution Sarkozy ne change rien à cela – et accentue même la position de blocage conservateur du Sénat.

DES DROITS NOUVEAUX POUR LES CITOYENS ?

À défaut d'être mieux représentés, les citoyens auront-ils gagné des droits nouveaux avec la Constitution Sarkozy ? Qu'on en juge… Tout citoyen s'estimant lésé par le fonctionnement d'un service public pourra désormais saisir le Défenseur des droits. Quel est le rôle de ce Défenseur ? C'est ni plus ni moins celui qui incombait jusqu'à présent au Médiateur de la République, dont il n'est qu'un décalque constitutionnalisé. Quel est alors l'intérêt de la réforme ? On peut se le demander. À moins qu'il ne s'agisse, de façon subreptice, de revenir sur le rôle d'autres autorités administratives indépendantes qui interviennent dans le champ de la protection des libertés et dont les attributions gênent généralement le(s) pouvoir(s). En tout cas, on ne voit pas bien ce que le citoyen va pouvoir y gagner. Tout citoyen va également pouvoir saisir le Conseil économique, social et environnemental par voie de pétition, à charge de ce dernier de faire « connaître au gouvernement et au Parlement les suites qu'il propose d'y donner ». Le droit de pétition auprès des chambres existe en France depuis 1789. Et chacun sait que cette possibilité de saisir le Parlement est d'un intérêt pour le moins limité. Autrement dit, la pétition adressée au CESE n'est sans doute pas l'outil le plus pertinent pour, en reprenant ici les termes de l'exposé des motifs de la révision constitutionnelle, « que les citoyens soient davantage écoutés, [...] que leurs aspirations soient mieux prises en compte ». Tout citoyen pourra aussi saisir le Conseil supérieur de la magistrature. Fort bien, mais comment et pour quoi faire ? La Constitution Sarkozy ne le dit pas.

Mais, se dira peut-être le lecteur agacé par le ton dubitatif de l'auteur, le nouveau « référendum d'initiative populaire » est une réforme importante, fruit d'une commande explicite de Nicolas Sarkozy au comité

Balladur : « Vous étudierez les moyens d'instiller plus de démocratie directe dans notre fonctionnement institutionnel, sous la forme [...] d'un droit d'initiative populaire », avait suggéré le président de la République en juillet 2007. On ne reprochera bien sûr pas cette exhortation au président Sarkozy, mais force est de constater que d'*initiative* populaire il n'y en a point eu. La réforme conseillée par le comité Balladur, reprise par Nicolas Sarkozy et bruyamment soutenue par les députés et sénateurs socialistes est en réalité un référendum d'*initiative parlementaire*, qui ne peut être engagé en fait que par les deux partis (PS et UMP) en mesure de rassembler un cinquième des membres du Parlement ; le peuple n'est là que pour *soutenir* l'initiative parlementaire. Si on ajoute à cela que même demandé par 185 parlementaires et soutenu par 4,5 millions de citoyens, *le référendum reste virtuel*, puisqu'il suffit que la proposition de loi soit examinée par les deux assemblées pour qu'il ne soit pas organisé, on peut se demander s'il ne s'agit pas ici d'une plaisanterie constitutionnelle. À moins que ce dispositif pharisien ne fasse que traduire la peur du peuple chez nos élites politiques.

Reste qu'il est une disposition de la Constitution Sarkozy qui a été saluée par tous, à gauche comme à droite : la possibilité offerte aux justiciables de saisir le Conseil constitutionnel afin que ce dernier apprécie la conformité des lois qui leur sont appliquées aux droits fondamentaux reconnus par la Constitution. La réforme, initiée par Robert Badinter en 1990, fait aujourd'hui l'unanimité, alors même que le contrôle de constitutionnalité est désormais pensé comme partie intégrante de la légitimité démocratique[1]. On ne mesure sans doute pas totalement les bouleversements que cette réforme pourrait entraîner dans l'ordre juridique français. On peut s'interroger également sur son utilité réelle. Les constitutionnalistes évoquent rituellement l'inconstitutionnalité de telle ou telle disposition du code des douanes, qui date d'avant 1958, mais existe-il beaucoup de lois en vigueur qui peuvent être considérées aujourd'hui comme portant atteinte aux droits fondamentaux des individus ? Surtout, on peut se demander si cette réforme n'arrive pas trop tardivement, alors même que des juridictions internationales (comme la Cour européenne des droits de l'homme) peuvent elles aussi être saisies par des justiciables qui contestent la loi nationale qui leur est appliquée, et que toutes les juridictions françaises peuvent déjà contrôler la conformité d'une norme nationale par rapport aux normes internationales, et en particulier celles qui définissent des droits fondamentaux. À supposer que l'on regarde avec sympathie cette réforme, demeure toutefois qu'elle ne peut prendre tout son sens que si l'on modifie la composition du Conseil constitutionnel et le mode de désignation de ses membres. Tant que le Conseil constitutionnel n'intervient qu'*a priori*, avant la promulgation de la loi, sur la base d'un contrôle

1. Pierre Rosanvallon, *La Légitimité démocratique : impartialité, réflexivité, proximité*, Paris, Seuil, 2008.

dit abstrait, il est un organe en quelque sorte intégré au processus législatif, son rôle, qu'on le veuille ou non, est fondamentalement politique, et l'on peut comprendre que son mode de recrutement obéisse à des logiques politiques. Si le Conseil constitutionnel devient de fait, parce qu'il est saisi à l'occasion de l'application concrète de la loi à un individu particulier, une *Cour constitutionnelle*, il est impératif de repenser les qualités requises pour y siéger (la réforme ne supprime même pas la possibilité offerte aux anciens présidents de la République d'y siéger « à vie »...), mais aussi les modalités de la désignation de ses membres. On mesure ici l'incroyable inculture comparative des auteurs de la réforme constitutionnelle : en Europe, seule la France utilise un système de nomination par des autorités politiques, sans qu'aucune condition de compétence (diplômes, expériences professionnelles) soit exigée pour devenir membre du Conseil constitutionnel.

On l'a vu : c'est en réalité de façon tout à fait accessoire que la Constitution Sarkozy accorde de nouveaux droits aux citoyens. Mais l'essentiel n'est peut-être pas là. Il réside dans l'incompréhension profonde des transformations actuelles de la démocratie, et en particulier de l'exigence nouvelle d'une articulation entre représentation politique et participation citoyenne[1], dont témoigne la réforme constitutionnelle de juillet 2008. La Constitu-

1. Loïc Blondiaux, *Le Nouvel Esprit de la démocratie : actualité de la démocratie participative*, Paris, Seuil, 2008.

tion Sarkozy n'est pas simplement une vaste entreprise de ravaudage de la Ve République, qui ne fait pour l'essentiel que conforter ses logiques de fonctionnement pratique au prétexte de démocratiser nos institutions, et dont la visée conservatrice de son principal auteur, Nicolas Sarkozy, peut faire penser au prince Salina, personnage du roman de Lampedusa, *Le Guépard*, qui espère tout changer pour que rien ne change. La Constitution Sarkozy est aussi une occasion manquée de repenser la démocratie dans notre pays.

Addendum
Les chèques en blanc de la réforme constitutionnelle

Rares sont les commentateurs à l'avoir remarqué – ou, en tout cas, à y avoir prêté attention –, les principales dispositions de la Constitution Sarkozy ne pourront pas entrer en vigueur avant l'adoption de textes – lois organiques, lois ordinaires, voire règlements des assemblées – précisant leur sens. Il arrive même qu'un seul article de la Constitution Sarkozy renvoie à deux textes d'application, comme l'article 44 sur le droit d'amendement, qui s'exerce « selon les conditions fixées par les règlements des assemblées, dans le cadre déterminé par une loi organique » ! Il faudra donc attendre l'élaboration de ces textes pour savoir précisément : comment est organisé le pseudo-référendum d'initiative populaire, quelles sont les nominations présidentielles contrôlées par les parlementaires, comment est encadré le droit d'amendement des parlementaires, quels droits spécifiques sont accordés aux groupes d'opposition au sein du Parlement, dans quelles conditions les parlementaires peuvent voter des résolutions, quel doit être le contenu des études d'impact qui doivent accompagner les projets de loi, quelles sont les règles de fonctionnement des commissions d'enquête, comment est contrôlé le découpage des circonscriptions électorales, comment est organisée la saisine par les justiciables du Conseil constitutionnel ou du Conseil supérieur de la magistrature, quelles sont les attributions exactes et les modalités d'intervention du Défenseur des droits, etc.

Il y a bien sûr un intérêt intrinsèque à procéder ainsi. Cela permet de ne pas « alourdir » la Constitution par des dispositions techniques qui, parce qu'elles portent sur l'application de la norme constitutionnelle, sont nécessairement détaillées. Cela permet également une certaine souplesse qui, dans certains cas, peut être bienvenue. Ainsi sera-t-il possible, dans les années à venir, de modifier les caractéristiques des études d'impact législatives, d'élargir les attributions du Défenseur des droits ou bien de compléter la liste des emplois qui requièrent un avis parlementaire avant qu'ils soient pourvus par le président de la République, sans passer par la lourde procédure d'une révision constitutionnelle. Mais cela a un coût politique majeur. En renvoyant de façon aussi systématique à des textes d'application à venir (dont on ne connaît donc pas le contenu), parfois sur des points cruciaux (par exemple le dispositif de filtrage, par le Conseil d'État et la Cour de cassation, de l'exception d'inconstitutionnalité), c'est la délibération constituante elle-même qui perd toute signification, les parlementaires qui ont débattu de la réforme n'ayant pas pu le faire en totale connaissance de cause. Comme le note très justement le professeur Frédéric Rolin, le pouvoir constituant se trouve dès lors privé « de la possibilité d'apprécier la portée des révisions constitutionnelles qu'il vote[1] ».

La longue discussion devant l'Assemblée nationale et le Sénat a bien sûr éclairé sur les intentions du président de la République, mais il n'en reste pas moins que la Constitution Sarkozy s'apparente pour beaucoup à un blanc-seing accordé au gouvernement et à sa majorité, sans aucune garantie quant à ses intentions réelles. Débarrassé de la contrainte d'un vote en termes identiques des deux chambres et surtout de l'obligation d'atteindre la barre des trois cinquièmes des suffrages exprimés pour modifier la Constitution, le gouvernement pourra faire ce qu'il veut, du moins tant qu'il bénéficiera du soutien de sa majorité. Il pourra par exemple, comme le laisse entendre l'exposé des motifs de la réforme constitutionnelle, réorganiser profondément le droit d'amendement en limitant drastiquement le temps de délibération des parlementaires. Mais il pourra

1. « Quatre brèves observations sur le projet de loi constitutionnelle portant modernisation des institutions », http://frederic-rolin.blogspirit.com.

aussi bien ne pas faire voter telle ou telle loi organique (par exemple celle qui est nécessaire pour définir la liste des nominations présidentielles contrôlées par les parlementaires) puisque nulle part ne figure de contrainte de calendrier pour les faire adopter ; de la même façon, la majorité parlementaire pourra très bien ne pas modifier son règlement pour accorder des droits nouveaux à l'opposition et, si elle le faisait, elle serait en tout cas souveraine pour définir la portée de ces droits.

La Constitution Sarkozy, c'est donc aussi une série de chèques en blanc ; qui seront encaissés ou pas.

TEXTE COMMENTÉ
DE LA CONSTITUTION SARKOZY

PRÉAMBULE

PRÉAMBULE

Le peuple français proclame solennellement son attachement aux droits de l'homme et aux principes de la souveraineté nationale tels qu'ils ont été définis par la Déclaration de 1789, confirmée et complétée par le Préambule de la Constitution de 1946, ainsi qu'aux droits et devoirs définis dans la Charte de l'environnement de 2004.

En vertu de ces principes et de celui de la libre détermination des peuples, la République offre aux territoires d'outre-mer qui manifestent la volonté d'y adhérer des institutions nouvelles fondées sur l'idéal commun de liberté, d'égalité et de fraternité et conçues en vue de leur évolution démocratique.

ARTICLE 1er

La France est une République indivisible, laïque, démocratique et sociale. Elle assure l'égalité devant la loi de tous les citoyens sans distinction d'origine, de race ou de religion. Elle respecte toutes les croyances. Son organisation est décentralisée.

La loi favorise l'égal accès des femmes et des hommes aux mandats électoraux et fonctions électives, ainsi qu'aux responsabilités professionnelles et sociales.

Une Constitution est avant tout un acte symbolique parce qu'au-delà de sa finalité la plus explicite – l'organisation des pouvoirs publics –, elle met en scène et *constitue* par là même un groupe impossible à rassembler autrement qu'en le désignant comme tel (« les Français »), en lui assignant une identité, des valeurs, des idéaux et une vision de l'avenir que ses membres sont censés partager. À bien des égards, une Constitution remplit les mêmes fonctions que les totems des religions primitives. D'où l'importance, qui pourrait sinon sembler mineure, des figures en lesquelles ce groupe est censé se reconnaître (langue, drapeau, hymne, devise, « principe » de gouvernement, comme il apparaît à l'article 2 de notre Constitution). Le Préambule et les premiers articles de la Constitution proclament donc des principes politiques fondamentaux, établissent le socle de ce que l'on pourrait dénommer, en France, le « pacte républicain ». C'est ainsi que l'article 1er de la Constitution définit les fondements politiques de la République française.

La révision de 2008 innove sur deux points dans le deuxième alinéa qu'elle ajoute à l'article 1er. Alors que le principe de parité politique – « la loi favorise l'égal accès des femmes et des hommes aux mandats électoraux et fonctions électives » – était considéré depuis la révision constitutionnelle de 1999 comme un principe parmi d'autres de l'exercice de la souveraineté nationale (il apparaissait alors à l'article 3 de la Constitution), son inscription à l'article 1er en fait maintenant, de façon beaucoup plus explicite, un élément central de notre pacte républicain. Surtout, ce principe de parité, jusqu'alors limité à la compétition électorale, vaut désormais pour les « responsabilités professionnelles et sociales ». Il s'agit par là, notamment, de contourner une jurisprudence restrictive du Conseil constitutionnel[1] qui refusait jusqu'alors que le législateur prenne des mesures contraignantes pour assurer la parité dans d'autres domaines que celui concernant les élections politiques (par exemple, pour les élections prud'homales). En l'état de la Constitution, et de la jurisprudence constitutionnelle, il était impossible qu'une loi prévoie une proportion minimale de femmes au sein d'un conseil d'administration, ou parmi les cadres dirigeants d'une entreprise ou d'une administration. Ce sera désormais possible. Surtout, alors que les députés auteurs de l'amendement s'étaient contentés d'ajouter cette dimension au « domaine de compétence » du législateur (article 34), les sénateurs ont placé cette disposition dans le premier article de la Constitution, lui donnant ainsi une grande force symbolique.

On pourra bien sûr discuter du caractère illusoire de ce type de disposition, qui peut à première vue apparaître comme une simple déclaration d'intention sans effets pratiques. On le sait, il y a souvent loin de l'énonciation constitutionnelle d'un principe à sa traduction concrète dans la vie des individus. La reconnaissance constitutionnelle d'un principe de parité politique, par exemple, a sans doute eu des effets

1. Décision n° 2006-533 DC du 16 mars 2006.

réels, mais le bilan de sa mise en œuvre est pour le moins contrasté[1]. Et nombre de parlementaires ont insisté, en vain, pour que la loi soit chargée d'« assurer » cet égal accès des femmes et des hommes aux responsabilités, plutôt que de seulement chercher à le « favoriser ». La réponse du gouvernement a été qu'une telle rédaction permettait au législateur de disposer de la liberté d'appréciation nécessaire pour adopter soit des mesures contraignantes, soit des mesures uniquement incitatives. Mais l'important n'est sans doute pas là, parce qu'ici, réfléchir uniquement en termes de contraintes serait une erreur. Une Constitution, surtout lorsqu'elle définit des principes, ne fait pas qu'établir des règles contraignantes, elle fournit aussi un ensemble de ressources, des points d'appui pour pouvoir agir, contester, revendiquer, mener des luttes et, pourquoi pas ?, demain, saisir le Conseil constitutionnel. Les juristes le savent bien même s'ils n'osent pas toujours le dire : les textes juridiques – surtout ceux qui posent des principes ou énoncent des valeurs –, parfois même les plus anodins ou simplement « déclaratoires », sont souvent de puissants leviers lorsqu'ils sont actionnés par des individus, des associations, des syndicats ou des groupes d'intérêts, devant des tribunaux, des administrations ou même des parlementaires. Cette adjonction à l'article 1er de la Constitution mérite donc d'être prise au sérieux.

Si l'avancée est réelle sur ce point, il faut quand même regretter l'extrême timidité du constituant, en dépit des dizaines d'heures de débat consacrées à la rédaction de l'article 1er tant à l'Assemblée nationale qu'au Sénat. La Constitution de la Ve République proclame qu'elle « assure l'égalité devant la loi de tous les citoyens, sans distinction d'origine, de race ou de religion ». La formulation a assurément vieilli : « oubli » du genre (même si le Préambule de 1946 « garantit à la femme, dans tous les domaines, des droits égaux à ceux de l'homme »), utilisation inacceptable, ou à tout le moins maladroite, du terme de « race » au moment même où on veut lui enlever toute portée. Les débats récents sur la possibilité de réaliser des « statistiques ethniques » pour lutter contre certaines formes de discriminations et la décision extrêmement ambiguë du Conseil constitutionnel à ce sujet[2] auraient pu inciter le gouvernement et les parlementaires à un peu d'audace, en s'inspirant par exemple des textes européens sur le sujet. De façon plus générale, le texte de l'article 1er de la Constitution reste en net retrait par rapport aux standards européens et internationaux en matière de non-discrimination, qui permettent de combattre toute discrimination fondée

1. Voir Catherine Achin *et alii*, *Sexes, genre et politique*, Paris, Economica, 2007.

2. Décision n° 2007-557 DC du 15 novembre 2007.

sur le genre, l'orientation sexuelle, l'origine ethnique ou sociale, les caractères physiques et les convictions.
Au chapitre des regrets, on ajoutera encore que si l'article 1er proclame depuis 2003 que « l'organisation de la République est décentralisée », il le fait sans poser dans le même temps quelques principes élémentaires relatifs à la démocratie locale. La France des collectivités locales est en réalité un système féodal structuré comme un mille-feuille de fiefs opaques, où le pouvoir s'exerce au plus grand profit d'une corporation d'élus cumulards. L'impératif de séparation des pouvoirs y est notamment totalement ignoré. La décentralisation est devenue une énorme usine à gaz sans que jamais soit posée la question de la démocratie locale[1]. On ne s'en étonnera guère, il est vrai, puisque la loi (constitutionnelle) est faite par des élus locaux – ce que sont la plupart des députés et sénateurs, mais aussi des ministres – et que la décentralisation n'est envisagée que sous l'angle de l'intérêt de ces élus locaux soucieux d'obtenir de nouvelles compétences, mais peu enclins à voir discutée la question de l'exercice du pouvoir local.
Enfin, on peut s'étonner que le « fait européen », après vingt-quatre révisions constitutionnelles depuis 1958, ne trouve toujours pas sa juste place dans notre Constitution. Peut-on sérieusement définir aujourd'hui ce qu'est la République française sans dire un mot de l'Europe ? Pourquoi ne pas proclamer d'entrée, parmi les caractères constitutifs de la République française, son inscription dans l'Union européenne, au lieu de reléguer cette dimension à la fin de la Constitution (article 88-1) ?

---

1. Voir le très percutant essai de Marion Paoletti, *Décentraliser d'accord, démocratiser d'abord*, Paris, La Découverte, 2007.

Titre I

DE LA SOUVERAINETÉ

ARTICLE 2

La langue de la République est le français.

L'emblème national est le drapeau tricolore, bleu, blanc, rouge.

L'hymne national est *La Marseillaise*.

La devise de la République est « Liberté, Égalité, Fraternité ».

Son principe est : gouvernement du peuple, par le peuple et pour le peuple.

ARTICLE 3

La souveraineté nationale appartient au peuple qui l'exerce par ses représentants et par la voie du référendum.

Aucune section du peuple ni aucun individu ne peut s'en attribuer l'exercice.

Le suffrage peut être direct ou indirect dans les conditions prévues par la Constitution. Il est toujours universel, égal et secret.

Sont électeurs, dans les conditions déterminées par la loi, tous les nationaux français majeurs des deux sexes, jouissant de leurs droits civils et politiques.

ARTICLE 4

Les partis et groupements politiques concourent à l'expression du suffrage. Ils se forment et exercent leur activité librement. Ils doivent respecter les principes de la souveraineté nationale et de la démocratie.

Ils contribuent à la mise en œuvre du principe énoncé au second alinéa de l'article 1er dans les conditions déterminées par la loi.

La loi garantit les expressions pluralistes des opinions et la participation équitable des partis et groupements politiques à la vie démocratique de la nation.

L'un des points forts, et originaux, du rapport Balladur est sans aucun doute la place qu'il accordait à la reconnaissance du rôle de l'opposition parlementaire dans le renouveau souhaité du Parlement. Comme l'écrivaient les membres du comité, il y a « plus d'avantages que d'inconvénients pour le fonctionnement des institutions, sinon à jeter les bases d'un statut de l'opposition, du moins à reconnaître aux partis qui ne font pas partie de la majorité des garanties spécifiques », et ils proposaient alors de « modifier l'article 4 de la Constitution afin d'y inscrire que la loi détermine les conditions dans lesquelles sont garantis les droits des partis et groupements qui ont ou n'ont pas déclaré soutenir le gouvernement ». Cette suggestion a été retenue dans le projet initial qui complétait l'article 4 de la Constitution par un alinéa ainsi rédigé : « Des droits particuliers peuvent être reconnus par la loi aux partis et groupements politiques qui n'ont pas déclaré soutenir le gouvernement. » Par cette disposition, la Constitution reconnaissait pour la première fois, certes de façon implicite, la notion d'opposition, la définissait dans le même temps – « partis et groupements politiques qui n'ont pas déclaré soutenir le gouvernement » –, évitait une probable censure du Conseil constitutionnel pour violation du principe d'égalité entre les partis, et permettait (à l'article 51-1) que cette notion soit déclinée au sein même de l'arène parlementaire. Cette novation était importante puisque avant 2008 il n'y avait pas en France de texte juridique faisant référence à la notion d'opposition, à l'exception d'une mention dans le code électoral (article L. 167-1) qui, dans le cadre de la campagne pour les élections législatives, prévoit que les durées totales d'émissions télévisées doivent être divisées « en deux séries égales, l'une étant affectée aux groupes qui appartiennent à la majorité [parlementaire], l'autre à ceux qui ne lui appartiennent pas », et d'une recommandation du Conseil supérieur de l'audiovisuel (8 février 2000) qui définit les conditions de l'équilibre des interventions des membres du gouvernement (excepté le président de la République), des personnalités de la majorité parlementaire et des personnalités de l'opposition. Cette nouvelle disposition aurait pu trouver des applications variées, dans la législation sur le financement de la vie politique, dans l'organisation des campagnes électorales, dans la répartition des temps de parole à la télévision, sur le plan des règles protocolaires, etc. Dans sa première rédaction, ce nouvel alinéa n'allait pas sans poser problème : comment définir, d'abord, le soutien (ou l'absence de soutien) au gouvernement par un parti *non représenté* au Parlement ? (En raison du mode de scrutin pour les élections législatives, des partis importants dans la vie politique – par exemple au moment de l'élection présidentielle – n'ont ni députés ni sénateurs.) N'importe quel groupuscule se déclarant « opposé » au gouvernement pourrait-il bénéficier de droits spécifiques, y compris ceux qui défendent des valeurs opposées au pacte républicain ? Quelles arènes politiques, ensuite, allaient être concernées ? On aurait pu penser que l'importance prise par les collectivités territoriales et la consécration constitutionnelle de l'organisation décentralisée de la République en 2003 devaient conduire à poser la question de la place de l'opposition dans les assemblées locales (où elle est encore plus malmenée que dans les assemblées nationales...), mais la rédaction du dernier alinéa de l'article 4 semblait l'exclure, puisqu'il n'évoquait que le soutien au gouvernement et non pas la position d'« opposant » dans une assemblée élue.

Alors que le rapport de la commission des lois de l'Assemblée nationale défendait longuement et avec vigueur le principe de la reconnaissance constitutionnelle de l'opposition, évoquant nombre d'exemples étrangers[1] au regard desquels le projet de réforme constitutionnelle paraissait bien timide, au point de proposer une nouvelle version de l'article allant plus loin que le projet initial, provoquant alors une certaine inquiétude du gouvernement face à tant d'audace parlementaire, un amendement présenté en première lecture par des députés du Nouveau Centre a totalement édulcoré le projet originel, en substituant à la définition par la loi des droits spécifiques qui pouvaient être reconnus à l'opposition, le principe selon lequel « la loi garantit la participation des partis et groupements politiques à la vie démocratique de la nation ». Et c'est cette rédaction qui a été ensuite amendée par les sénateurs, puis à nouveau par les députés, pour obtenir la version qui figure désormais au dernier alinéa de l'article 4 : « La loi garantit les expressions pluralistes des opinions et la participation équitable des partis et groupements politiques à la vie démocratique de la nation. » Une telle rédaction n'interdit pas bien sûr que des droits spécifiques soient reconnus aux partis de l'opposition,

1. Voir par exemple, William Gilles, « L'opposition parlementaire : étude de droit comparé », *Revue du droit public*, 5, 2006.

qu'ils soient représentés au Parlement ou pas, mais l'esquisse d'un statut de l'opposition qui se dessinait dans la version initiale du projet a disparu. Et de fait, même si le nouvel article 51-1 prévoit la possibilité de droits spécifiques accordés aux groupes *parlementaires* d'opposition (mais aussi de la minorité de la majorité…), la Constitution Sarkozy dans son ensemble reste pour le moins silencieuse sur cette question essentielle dans un système politique entièrement structuré par le « fait majoritaire » et la bipolarisation des forces politiques. Il y avait là matière à une véritable rupture, tirant les leçons des acquis de la Ve République – la stabilité gouvernante – et ouvrant la voie à une démocratie plus « adulte », que les députés et sénateurs de la majorité n'ont pas osé mettre en œuvre. La Ve République caporaliste, se défiant depuis l'origine de la délibération et du débat, n'est pas seulement inscrite dans une architecture constitutionnelle, elle est d'abord profondément ancrée dans les têtes…

Titre II

LE PRÉSIDENT DE LA RÉPUBLIQUE

ARTICLE 5

Le président de la République veille au respect de la Constitution. Il assure, par son arbitrage, le fonctionnement régulier des pouvoirs publics ainsi que la continuité de l'État.

Il est le garant de l'indépendance nationale, de l'intégrité du territoire et du respect des traités.

ARTICLE 6

Le président de la République est élu pour cinq ans au suffrage universel direct.

Nul ne peut exercer plus de deux mandats consécutifs.

Les modalités d'application du présent article sont fixées par une loi organique.

Nicolas Sarkozy y tenait beaucoup. Le comité Balladur s'y était opposé, arguant que la réforme était « inopportune » en ce que la limitation du cumul des mandats dans le temps portait atteinte à la « souveraineté du suffrage », c'est-à-dire à la liberté de choix des électeurs. Le président de la République a tenu bon et a obtenu gain de cause devant les parlementaires. Les partisans de la réforme évoquent volontiers l'exemple des États-Unis où, à la suite des quatre élections consécutives de Roosevelt (1932, 1936, 1940 et 1944), il a été décidé de réviser la Constitution (le

XXe amendement a été ratifié en 1951) pour interdire au président américain d'accomplir plus de deux mandats. Ses contempteurs ne manquent pas de rappeler le précédent de la IIe République et le funeste coup d'État du 2 décembre 1851 du président « sortant » Louis Napoléon Bonaparte, ou bien se gaussent, avec raison, de la vraie-fausse succession du président russe Poutine permutant avec son Premier ministre au terme de ses deux mandats présidentiels.

Peu importe à dire vrai. Seul compte ce constat : présentée par Nicolas Sarkozy comme un moyen de « limiter » les pouvoirs présidentiels, cette réforme ne pourra, au mieux, que l'affaiblir un peu à la fin de son éventuel second mandat. On en voit donc mal l'intérêt, sauf si elle avait été une pièce d'un aggiornamento plus vaste, instaurant, pour tous les élus du suffrage universel, une limite dans le temps à l'exercice d'un mandat et, parallèlement, l'interdiction du cumul des mandats nationaux et locaux, mais aussi d'une fonction exécutive et d'un mandat local. Ce n'est malheureusement pas le cas, et ce « nul ne peut exercer plus de deux mandats consécutifs » souligne alors cruellement cette absence. En s'en tenant à ce qui est finalement le moins important – le nombre de mandats présidentiels –, la réforme constitutionnelle n'a assurément pas cherché à mettre un terme à l'enkystement de *toute* la classe politique dans un système politique clos sur lui-même, principalement intéressé par sa reproduction endogène. Avec cette conséquence généralement ignorée : un très net vieillissement des parlementaires depuis les années 1980.

ARTICLE 7

Le président de la République est élu à la majorité absolue des suffrages exprimés. Si celle-ci n'est pas obtenue au premier tour de scrutin, il est procédé, le quatorzième jour suivant, à un second tour. Seuls peuvent s'y présenter les deux candidats qui, le cas échéant après retrait de candidats plus favorisés, se trouvent avoir recueilli le plus grand nombre de suffrages au premier tour.

Le scrutin est ouvert sur convocation du gouvernement.

L'élection du nouveau président a lieu vingt jours au moins et trente-cinq jours au plus avant l'expiration des pouvoirs du président en exercice.

En cas de vacance de la présidence de la République pour quelque cause que ce soit, ou d'empêchement constaté par le Conseil constitutionnel saisi par le gouvernement et statuant à la majorité absolue de ses membres, les fonctions du président de la République, à l'exception de celles prévues aux articles 11 et 12 ci-dessous, sont provisoirement exercées par le président du Sénat et, si celui-ci est à son tour empêché d'exercer ces fonctions, par le gouvernement.

En cas de vacance ou lorsque l'empêchement est déclaré définitif par le Conseil constitutionnel, le scrutin pour l'élection du nouveau président a lieu, sauf cas de force majeure constaté par le Conseil constitutionnel, vingt jours au moins et trente-cinq jours au plus après l'ouverture de la vacance ou la déclaration du caractère définitif de l'empêchement.

Si, dans les sept jours précédant la date limite du dépôt des présentations de candidatures, une des personnes ayant, moins de trente jours avant cette date, annoncé publiquement sa décision d'être candidate décède ou se trouve empêchée, le Conseil constitutionnel peut décider de reporter l'élection.

Si, avant le premier tour, un des candidats décède ou se trouve empêché, le Conseil constitutionnel prononce le report de l'élection.

En cas de décès ou d'empêchement de l'un des deux candidats les plus favorisés au premier tour avant les retraits éventuels, le Conseil constitutionnel déclare qu'il doit être procédé de nouveau à l'ensemble des opérations électorales ; il en est de même en cas de décès ou d'empêchement de l'un des deux candidats restés en présence en vue du second tour.

Dans tous les cas, le Conseil constitutionnel est saisi dans les conditions fixées au deuxième alinéa de l'article 61 ci-dessous ou dans celles déterminées pour la présentation d'un candidat par la loi organique prévue à l'article 6 ci-dessus.

Le Conseil constitutionnel peut proroger les délais prévus aux troisième et cinquième alinéas sans que le scrutin puisse avoir lieu plus de trente-cinq jours après la date de la décision du Conseil constitutionnel. Si l'application des dispositions du présent alinéa a eu pour effet de reporter l'élection à une date postérieure à l'expiration des pouvoirs du président en exercice, celui-ci demeure en fonction jusqu'à la proclamation de son successeur.

Il ne peut être fait application ni des articles 49 et 50 ni de l'article 89 de la Constitution durant la vacance de la présidence de la République ou durant la période qui s'écoule entre la déclaration du caractère définitif de l'empêchement du président de la République et l'élection de son successeur.

ARTICLE 8

Le président de la République nomme le Premier ministre. Il met fin à ses fonctions sur la présentation par celui-ci de la démission du gouvernement.

Sur la proposition du Premier ministre, il nomme les autres membres du gouvernement et met fin à leurs fonctions.

ARTICLE 9

Le président de la République préside le Conseil des ministres.

ARTICLE 10

Le président de la République promulgue les lois dans les quinze jours qui suivent la transmission au gouvernement de la loi définitivement adoptée.

Il peut, avant l'expiration de ce délai, demander au Parlement une nouvelle délibération de la loi ou de certains de ses articles. Cette nouvelle délibération ne peut être refusée.

ARTICLE 11

[Entrée en vigueur dans les conditions fixées par les lois et lois organiques nécessaires à leur application (article 46-I de la loi constitutionnelle n° 2008-724 du 23 juillet 2008).]

Le président de la République, sur proposition du gouvernement pendant la durée des sessions ou sur proposition conjointe des deux Assemblées, publiées au *Journal officiel*, peut soumettre au référendum tout projet de loi portant sur l'organisation des pouvoirs publics, sur des réformes relatives à la politique économique, sociale ou **environnementale** de la nation et aux services publics qui y concourent, ou tendant à autoriser la ratification d'un traité qui, sans être contraire à la Constitution, aurait des incidences sur le fonctionnement des institutions.

Lorsque le référendum est organisé sur proposition du gouvernement, celui-ci fait, devant chaque assemblée, une déclaration qui est suivie d'un débat.

Un référendum portant sur un objet mentionné au premier alinéa peut être organisé à l'initiative d'un cinquième des membres du Parlement,

soutenue par un dixième des électeurs inscrits sur les listes électorales. Cette initiative prend la forme d'une proposition de loi et ne peut avoir pour objet l'abrogation d'une disposition législative promulguée depuis moins d'un an.

Les conditions de sa présentation et celles dans lesquelles le Conseil constitutionnel contrôle le respect des dispositions de l'alinéa précédent sont déterminées par une loi organique.

Si la proposition de loi n'a pas été examinée par les deux assemblées dans un délai fixé par la loi organique, le président de la République la soumet au référendum.

Lorsque la proposition de loi n'est pas adoptée par le peuple français, aucune nouvelle proposition de référendum portant sur le même sujet ne peut être présentée avant l'expiration d'un délai de deux ans suivant la date du scrutin.

Lorsque le référendum a conclu à l'adoption du projet **ou de la proposition de loi**, le président de la République promulgue la loi dans les quinze jours qui suivent la proclamation des résultats de la consultation.

Lors de l'établissement de la Constitution de la Ve République, en 1958, les constituants avaient envisagé, un temps, de pouvoir soumettre à référendum tout projet de loi que le Parlement aurait refusé d'adopter. Ils ont finalement reculé devant tant d'audace antiparlementaire en rédigeant un texte, l'article 11, plus restrictif mais aussi plus ambigu, suscitant d'importantes controverses portant principalement sur la possibilité d'utiliser le référendum législatif pour modifier la Constitution (comme ce fut le cas en 1962 et en 1969). Jusqu'à présent, l'article 11 permettait, à la seule initiative du président de la République, mais sur proposition (factice) du Premier ministre ou à la demande conjointe, très improbable, de l'Assemblée nationale et du Sénat, de solliciter le peuple pour adopter par référendum un projet de loi. Ce référendum n'était possible que dans trois domaines : « l'organisation des pouvoirs publics », la ratification de certains traités internationaux (c'est ainsi qu'a été approuvé le traité de Maastricht en 1992, et rejetée la « Constitution européenne » en 2005), ainsi que, depuis 1995, des réformes relatives à « la politique économique ou sociale de la nation et aux services publics qui y concourent ». À l'initiative des députés, le référendum législatif pourra désormais porter sur la politique « environnementale ». Cet ajout est bienvenu, mais encore faudrait-il qu'il soit un jour suivi d'effet : depuis la dernière extension du champ du référendum, en 1995, aucun référendum n'a été organisé dans l'un des domaines nouvellement définis.

Mais ce n'est pas l'essentiel. S'inspirant du rapport remis en février 1993 à François Mitterrand par le comité consultatif pour la révision de la Constitution, présidé par Georges Vedel, le comité Balladur a proposé d'instaurer « un droit d'initiative populaire ». La proposition, absente du projet de Nicolas Sarkozy, a été rétablie par les députés. Dans la presse comme sur les bancs des parlementaires, chacun s'est félicité d'une nouvelle « avancée » démocratique permise par la réforme de la Constitution : la mise en place d'un « référendum d'initiative populaire ». Qu'en est-il exactement ?

Force est en fait de constater :

1. Qu'il s'agit d'un référendum d'initiative *parlementaire.*
2. Qu'il s'agit d'un référendum d'initiative parlementaire *réservé aux deux seuls partis en mesure de rassembler un cinquième des 925 députés et sénateurs* (soit 185 parlementaires).
3. Que le peuple n'est là que pour *soutenir* l'initiative parlementaire (en fait, de l'UMP ou du PS) ; il n'a donc pas l'*initiative* de quoi que ce soit. Ce soutien est en outre situé à un niveau très élevé : 10 % du corps électoral, environ 4,5 millions d'électeurs inscrits sur les listes électorales, contre 1 à 2 % en Espagne et en Italie (soit 500 000 signatures).
4. Que l'interdiction d'un référendum abrogatif (pour une loi promulguée depuis moins d'un an) est difficilement justifiable : pourquoi le peuple ne pourrait-il pas défaire ce qu'a fait le législateur ? Sans compter le fait que tout référendum portant sur les domaines visés au premier alinéa peut avoir des incidences financières et abroger de fait certaines dispositions de la loi de finances votée l'année précédente – devra-t-il être interdit pour autant ?
5. Que même demandé par 185 parlementaires et soutenu par 4,5 millions de citoyens, *le référendum reste hypothétique*, puisqu'il suffit que la proposition de loi soit examinée par les deux assemblées pour qu'il ne soit pas organisé. Il suffit donc au gouvernement, avec le soutien de sa majorité, d'organiser une seule lecture du texte devant l'Assemblée nationale et le Sénat pour enterrer la proposition de référendum. (On remarquera ici que le délai dont dispose le Premier ministre pour organiser ce vote devant le Parlement, et donc bloquer le référendum, n'est même pas fixé dans le texte de la Constitution, mais renvoyé à une loi organique...)

Chacun sait qu'en matière juridique les mots les plus courants peuvent avoir un sens très particulier, parfois déroutant pour le profane. Mais parler ici de « référendum d'initiative populaire », c'est tout simplement se moquer du monde. Comment expliquer cette hypocrisie ? On en trouve la racine dans le rapport Balladur : « Il y aurait quelque contradiction », écrivent les membres du comité présidé par l'ancien Premier ministre, à chercher à « émanciper le Parlement » tout en étendant « de manière excessive le champ de la démocratie directe ». Quelle contradiction ?

Comment délimiter ce qui est « excessif » en matière démocratique ? On se contentera de rappeler les termes de l'article 3 de la Constitution : « La souveraineté nationale appartient au peuple qui l'exerce par ses représentants et par la voie du référendum. » Nulle idée de hiérarchie ou de priorité ici. Bien au contraire, si l'on veut penser véritablement une démocratie plus « participative », il est vain d'opposer ces deux sources de la souveraineté et beaucoup plus utile d'essayer de les combiner. Si l'outil référendaire est effectivement d'un maniement complexe et ambigu, du moins au niveau national, pourquoi n'avoir pas pensé à introduire un droit d'initiative législative populaire, c'est-à-dire la possibilité pour une fraction significative du corps électoral d'obtenir, par voie de pétition, l'inscription d'une proposition de loi à l'ordre du jour du Parlement ? Ce n'est pas la peur du peuple qui aidera à régler la crise de la représentation que nous connaissons aujourd'hui...

ARTICLE 12

Le président de la République peut, après consultation du Premier ministre et des présidents des assemblées, prononcer la dissolution de l'Assemblée nationale.

Les élections générales ont lieu vingt jours au moins et quarante jours au plus après la dissolution.

L'Assemblée nationale se réunit de plein droit le deuxième jeudi qui suit son élection. Si cette réunion a lieu en dehors de la période prévue pour la session ordinaire, une session est ouverte de droit pour une durée de quinze jours.

Il ne peut être procédé à une nouvelle dissolution dans l'année qui suit ces élections.

ARTICLE 13

[Entrée en vigueur dans les conditions fixées par les lois et lois organiques nécessaires à leur application (article 46-I de la loi constitutionnelle n° 2008-724 du 23 juillet 2008).]

Le président de la République signe les ordonnances et les décrets délibérés en Conseil des ministres.

Il nomme aux emplois civils et militaires de l'État.

Les conseillers d'État, le grand chancelier de la Légion d'honneur, les ambassadeurs et envoyés extraordinaires, les conseillers maîtres à la

Cour des comptes, les préfets, les représentants de l'État dans les collectivités d'outre-mer régies par l'article 74 et en Nouvelle-Calédonie, les officiers généraux, les recteurs des académies, les directeurs des administrations centrales sont nommés en Conseil des ministres.

Une loi organique détermine les autres emplois auxquels il est pourvu en Conseil des ministres ainsi que les conditions dans lesquelles le pouvoir de nomination du président de la République peut être par lui délégué pour être exercé en son nom.

Une loi organique détermine les emplois ou fonctions, autres que ceux mentionnés au troisième alinéa, pour lesquels, en raison de leur importance pour la garantie des droits et libertés ou la vie économique et sociale de la nation, le pouvoir de nomination du président de la République s'exerce après avis public de la commission permanente compétente de chaque assemblée. Le président de la République ne peut procéder à une nomination lorsque l'addition des votes négatifs dans chaque commission représente au moins trois cinquièmes des suffrages exprimés au sein des deux commissions. La loi détermine les commissions permanentes compétentes selon les emplois ou fonctions concernés.

Le président de la République « nomme aux emplois civils et militaires de l'État », nous dit l'article 13. On trouve une formule quasiment identique – « nomme aux emplois civils et militaires » – mais cette fois au profit du Premier ministre, à l'article 21. Voilà que les difficultés commencent... En réalité, le partage entre la compétence présidentielle et celle du Premier ministre pourrait être simple à décrire si le premier ne nommait qu'aux emplois pourvus en Conseil des ministres, et le second aux autres (étant entendu que toutes les nominations présidentielles, sans exception, supposent un contreseing du Premier ministre et, le cas échéant, des ministres concernés, comme en dispose article 19, ce qui conduit, en période de cohabitation, à nombre de tensions). C'est ainsi que le troisième alinéa de l'article 13 fournit une liste d'emplois pourvus en Conseil des ministres. Mais cette liste n'est pas exhaustive, comme il apparaît au quatrième alinéa, qui prévoit qu'une loi organique détermine les autres emplois auxquels il est pourvu en Conseil des ministres. Et c'est là que la confusion juridique s'installe. Parce que la loi organique (ordonnance du 28 novembre 1958), si elle vise en effet un certain nombre d'emplois supplémentaires pourvus en Conseil des ministres, renvoie également à un décret pris en Conseil des ministres le soin de compléter cette liste et, de surcroît, établit la possibilité que des lois ou des décrets particuliers attribuent au président de la République le soin de nommer à des emplois spécifiques. Autrement dit, c'est par un décret en Conseil des ministres (que signe le président de la République, comme il est indiqué au 1er alinéa) qu'est fixée la liste des emplois pourvus en Conseil des ministres par la signature présidentielle. Hors période de cohabitation, le président de la République a donc, de fait, la compétence de sa compétence. C'est ainsi que François Mitterrand, à la veille de la première cohabitation, avait utilisé ce moyen pour accroître considérablement le nombre d'emplois publics dépendants de la signature présidentielle. À cela, il faut encore ajouter qu'en vertu de la loi organique précitée le président de la République peut procéder à des nominations par décret dit « simple » (c'est-à-dire, hors du Conseil des ministres) alors que l'article 13 ne lui en donne pas la compétence..., empiétant dès lors encore plus sur la compétence du Premier ministre. On comprend que le comité Balladur ait pu parler d'un « désordre », proposant alors de modifier la loi organique pour bien distinguer les nominations militaires (relevant, selon le comité Balladur, du président de la République) et les nominations civiles, ces dernières étant soit pourvues en Conseil des ministres (sur le fondement d'une liste exhaustive), soit en dehors du Conseil des ministres (à la signature, principalement, du Premier ministre).

Le comité Balladur n'a pas été entendu sur ce point, et l'exigence de « clarifier les compétences du président de la République et du Premier ministre en matière de nominations » reste, pour le moment, lettre morte. En revanche, il a été suivi sur la nécessité de faire intervenir le Parlement dans cette procédure de nomination. Mais de façon tellement édulcorée qu'il ne reste plus grand-chose de sa proposition initiale. Le comité Balladur proposait en effet que, pour un certain nombre d'emplois (dont il établissait précisément la liste), une commission *ad hoc* composée de députés et de sénateurs se réunisse, examine la candidature soumise au président de la République par le gouvernement, auditionne et interroge publiquement le candidat (avec un temps de parole fixé à l'avance « garantissant aux parlementaires un temps d'expression suffisant pour interroger le candidat »), puis donne un avis public, à la majorité simple. Une telle procédure, précisait le comité Balladur, devrait valoir pour les nominations « de même rang » (par exemple les membres du Conseil constitutionnel) effectuées par les présidents de l'Assemblée nationale et du Sénat.

La solution retenue dans la Constitution Sarkozy est bien différente. Le pouvoir de nomination s'exerce après un « avis public » de la commission permanente compétente (par exemple celle des affaires culturelles pour la nomination du président du CSA) de chaque assemblée. Il ne s'agit plus d'une commission mixte, réunissant des parlementaires de l'Assemblée nationale et du Sénat, mais d'une procédure à caractère bicaméral qui, comme toujours, donne un avantage à la droite : le Sénat étant quasiment soustrait à toute possibilité d'alternance, il sera plus facile de s'opposer à des nominations d'un président de gauche qu'à celles d'un président de droite. Par ailleurs, un droit de veto a été ajouté, ce qui est une bonne idée, mais en plaçant la barre si haut – « l'addition des votes négatifs dans chaque commission [doit] représente[r] au moins trois cinquièmes des suffrages exprimés au sein des deux commissions » – qu'elle en devient pratiquement inatteignable. Surtout, rien n'indique dans le texte de la Constitution que l'examen des candidatures se fera à la suite d'une audition publique (la loi organique visée au cinquième alinéa ne concerne que la liste des emplois visés par cette procédure). Compte tenu de « l'effet de discipline qui s'attache au fait majoritaire » (comme le dit lucidement l'exposé des motifs du projet de loi constitutionnelle), l'avis délivré par la commission de l'Assemblée nationale sera sans aucun doute toujours favorable au président de la République, et seule l'éventualité d'une audition publique, comme le montrent les exemples étrangers, relayée sur les antennes des chaînes parlementaires, serait en mesure de limiter d'éventuels marchandages et de freiner les nominations de complaisance. (On notera, de surcroît, que le comité Balladur avait proposé de façon plus générale que soit inscrit à l'article 33 de la Constitution le principe selon lequel « les auditions auxquelles procèdent les commissions instituées au sein de chaque assemblée sont publiques » ; ici encore, il n'a pas été suivi. L'Assemblée nationale a tenté de rétablir ce principe, mais il a été ensuite supprimé par le Sénat avec l'accord du gouvernement...)

Au final, rien n'a été clarifié en matière de nomination, le Sénat s'est vu gratifier d'une nouvelle tribune pour attaquer un président de gauche, la procédure exclut les emplois les plus importants dans le fonctionnement de l'appareil d'État (préfets, directeurs d'administration centrale, etc.), et l'intervention des parlementaires, faute d'audition publique, ne servira à rien, coincée entre la discipline majoritaire et un veto improbable.

ARTICLE 14

Le président de la République accrédite les ambassadeurs et les envoyés extraordinaires auprès des puissances étrangères ; les ambassadeurs et les envoyés extraordinaires étrangers sont accrédités auprès de lui.

ARTICLE 15

Le président de la République est le chef des armées. Il préside les conseils et les comités supérieurs de la Défense nationale.

ARTICLE 16

Lorsque les institutions de la République, l'indépendance de la nation, l'intégrité de son territoire ou l'exécution de ses engagements internationaux sont menacées d'une manière grave et immédiate et que le fonctionnement régulier des pouvoirs publics constitutionnels est interrompu, le président de la République prend les mesures exigées par ces circonstances, après consultation officielle du Premier ministre, des présidents des assemblées ainsi que du Conseil constitutionnel.

Il en informe la nation par un message.

Ces mesures doivent être inspirées par la volonté d'assurer aux pouvoirs publics constitutionnels, dans les moindres délais, les moyens d'accomplir leur mission. Le Conseil constitutionnel est consulté à leur sujet.

Le Parlement se réunit de plein droit.

L'Assemblée nationale ne peut être dissoute pendant l'exercice des pouvoirs exceptionnels.

Après trente jours d'exercice des pouvoirs exceptionnels, le Conseil constitutionnel peut être saisi par le président de l'Assemblée nationale, le président du Sénat, soixante députés ou soixante sénateurs, aux fins d'examiner si les conditions énoncées au premier alinéa demeurent réunies. Il se prononce dans les délais les plus brefs par un avis public. Il procède de plein droit à cet examen et se prononce dans les mêmes conditions au terme de soixante jours d'exercice des pouvoirs exceptionnels et à tout moment au-delà de cette durée.

L'article 16 permet d'instaurer une sorte de dictature de salut public au profit du président de la République. Il concentre alors dans sa personne l'ensemble des pouvoirs d'État, y compris législatifs. Or, si la Constitution nous disait jusqu'à présent les conditions de la mise en œuvre de ces pouvoirs exceptionnels et les formalités que doit respecter le président de la République au moment de les exercer, elle ne nous disait rien de la durée de cette période d'exception. La seule application de l'article 16 durant la Ve République avait été durement critiquée de ce fait. Mise en œuvre le 23 avril 1961 pour combattre un putsch militaire à Alger, l'application de l'article 16 n'a été suspendue que cinq mois plus tard, le 29 septembre, alors même que le putsch avait été conjuré en quelques jours et le fonctionnement régulier des pouvoirs publics rétabli en quelques semaines au plus. Même les gaullistes les plus orthodoxes en avaient été troublés… Léon Noël, par exemple, alors président du

Conseil constitutionnel, rapporte dans ses Mémoires combien il lui semblait évident qu'une fois la paix civile rétablie en Algérie, « aucune hésitation n'était possible » et que « le maintien du régime de l'article 16 était contraire à l'esprit et à la lettre de ce texte[1] ».

La réforme de 2008 instaure un contrôle sur la durée de ces pouvoirs exceptionnels au regard des conditions fixées au premier alinéa de l'article 16. En l'état, la réforme est bienvenue, même si on peut douter du caractère véritablement contraignant de l'avis du Conseil constitutionnel dans une situation qui, par hypothèse, serait très troublée, mais aussi de la compétence de ses membres pour apprécier « juridiquement » tous les éléments qui fondent l'emploi de ces pouvoirs exceptionnels. On doit aussi remarquer que la possibilité désormais offerte aux justiciables de saisir le Conseil constitutionnel de l'application d'une loi qui porterait atteinte à leurs droits fondamentaux (voir le commentaire *infra* de l'article 61) permettra de contrôler *a posteriori* les actes du président de la République intervenant dans le domaine législatif (par exemple l'instauration de tribunaux d'exception), ce qui s'était avéré impossible lors du précédent de 1961 (les tribunaux administratifs et judiciaires s'estimant incompétents).

Le problème principal réside en fait dans l'existence même de cet article 16. Saisi de cette question, le comité Balladur a estimé que « la diversité des menaces potentielles qui pèsent sur la sécurité nationale à l'ère du terrorisme mondialisé justifie le maintien de dispositions d'exception ». Il existe déjà, pourtant, un cadre juridique – état d'urgence, état de siège – permettant de faire face efficacement à de telles situations de crise, sans compter une nébuleuse de dispositifs – type « plan Vigipirate » – aux fondements normatifs parfois incertains[2]. Le comité Balladur avait d'ailleurs demandé explicitement une clarification, *via* une loi organique, des conditions d'application de l'état de siège (déjà visé à l'article 36 de la Constitution) et de l'état d'urgence, sans être entendu. Reste l'article 16... Pense-t-on sérieusement que la réponse à la menace terroriste (ou autre) réside dans l'accaparement par un seul homme de l'*ensemble* des pouvoirs d'État ? L'article 16 est au mieux inutile, au pire dangereux.

---

1. Léon Noël, *De Gaulle et les débuts de la Ve République*, Paris, Plon, 1976, p. 155.

2. Sur le plan Vigipirate, voir l'enquête menée par Frédéric Rolin, « Grand jeu de piste : à la recherche du statut juridique du plan Vigipirate », disponible sur http://frederic-rolin.blogspirit.com/archive/2007/06/06/grand-jeu-de-piste-a-la-recherche-du-statut-juridique-du-pla.html

ARTICLE 17

Le président de la République a le droit de faire grâce **à titre individuel**.

Le droit de grâce accordé au président de la République peut paraître contestable à de nombreux égards. À l'heure où la responsabilisation des gouvernants et la transparence de l'action publique sont devenues le nouveau credo de ceux qui aspirent, comme le président Sarkozy, à établir une « démocratie irréprochable », un tel pouvoir discrétionnaire, qui s'exerce, qui plus est, de façon totalement opaque (la décision de grâce n'a pas à être motivée, le décret n'est pas publié), est pour le moins critiquable. Si l'on ajoute à cela que le droit de grâce tend à affaiblir l'action judiciaire à un moment où chacun cherche à renforcer l'indépendance, l'autorité mais aussi la responsabilité de la Justice – qui, elle-même, est dorénavant dotée de pouvoirs élargis en matière d'individualisation et d'aménagement des peines qu'elle prononce –, on peut s'interroger sur la nécessité de conserver cet héritage de l'Ancien Régime. On peut noter, pour finir, que l'abolition de la peine de mort en 1981 (interdite constitutionnellement depuis 2007) a privé le droit de grâce de sa plus spectaculaire raison d'être.

À ces arguments, il est possible d'opposer le fait que la grâce n'est qu'une dispense, totale ou partielle, d'exécuter une peine, qui n'efface pas la condamnation mais permet de mettre en œuvre une forme de « pardon social » au regard, tout à la fois, de considérations humanitaires (médicales par exemple), d'un objectif de réinsertion, d'une conception morale de la possible rédemption de tout individu, et du constat, nécessaire, que l'erreur peut être aussi judiciaire. De ce point de vue, la grâce ne devrait pouvoir bénéficier qu'à des individus singuliers, en considération de leur situation particulière. C'est là que le bât blesse principalement en raison de la pratique des grâces collectives et anonymes, décidées par le président de la République à la suite de son élection ou à l'occasion du 14 Juillet, et destinées, en réalité, à satisfaire des clientèles électorales ou, surtout, à réguler nuitamment la surpopulation carcérale chronique. À cet égard, la précision apportée à l'article 17 de la Constitution qui n'autorise plus, désormais, que les grâces présidentielles « à titre individuel », est bienvenue.

À supposer que l'on ne supprime pas cette prérogative présidentielle, fallait-il alors l'encadrer plus strictement ? Dans sa lettre de mission au comité Balladur, Nicolas Sarkozy avait estimé qu'il n'était « plus envisageable que l'exercice de ce pouvoir relève du seul président de la République ». Le comité Balladur avait alors prévu que le Conseil supérieur de la magistrature soit consulté, renouant ainsi avec une procédure jadis prévue à l'article 65 de la Constitution et supprimée par la révision constitutionnelle de 1993. Le projet soumis aux parlementaires avait finalement retenu une formule très floue en prévoyant que le président de la République exercerait désormais ce droit « après avis d'une commission dont la composition est fixée par la loi ». Les parlementaires ont supprimé cette contrainte, au demeurant inconsistante, et ils ont eu raison. Cette décision, qui est un acte de souveraineté, dont les motifs ne peuvent jamais être entièrement codifiés, ne peut dépendre en réalité que d'un seul homme. Le président de la République prend cette décision au vu d'un dossier longuement instruit par les services du garde des Sceaux et par des magistrats, le ministre de la Justice en endosse symboliquement la responsabilité en y apposant son contreseing, mais l'acte ne peut être que discrétionnaire. Aucune commission n'y changera rien. En revanche, il faut regretter que cette décision ne soit pas motivée et rendue publique. Car si pardon il doit y avoir, il doit être accordé au nom de la société, qui doit en être informée et en connaître les raisons.

ARTICLE 18

Le président de la République communique avec les deux assemblées du Parlement par des messages qu'il fait lire et qui ne donnent lieu à aucun débat.

Il peut prendre la parole devant le Parlement réuni à cet effet en Congrès. Sa déclaration peut donner lieu, hors sa présence, à un débat qui ne fait l'objet d'aucun vote.

Hors session, **les assemblées parlementaires** sont réunies spécialement à cet effet.

Nicolas Sarkozy en avait fait la disposition emblématique d'une « responsabilisation » du président de la République, le comité Balladur un élément central de l'« encadrement » des prérogatives présidentielles, permettant d'aller « dans le sens d'une meilleure transparence de la vie publique et d'un renforcement du rôle du Parlement », et la presse unanime y a vu la mesure la plus importante de la réforme constitutionnelle, et même sa principale justification : désormais le président de la République pourra s'adresser directement au Parlement, sans passer obligatoirement par la procédure surannée du message, lu par un tiers devant des parlementaires debout et silencieux.
Nicolas Sarkozy a donc obtenu du Parlement ce qu'il voulait. Enfin presque… Parce qu'entre le dépôt du projet de loi de révision constitutionnelle, en avril, et son adoption par le Congrès du Parlement, en juillet 2008, les

parlementaires ont supprimé une incise et modifié profondément ainsi le sens de la réforme. Dans le projet initial, le président de la République pouvait prendre la parole devant le Parlement réuni en Congrès mais aussi, à tout moment, « devant l'une ou l'autre de ses assemblées ». Alors que la procédure de réunion du Congrès (à Versailles) est lourde et coûteuse, et prend nécessairement une dimension solennelle, comme le discours sur l'état de l'Union que prononce annuellement le président des États-Unis, ce que voulait obtenir Nicolas Sarkozy, c'était *aussi* de pouvoir éventuellement intervenir à tout moment, en amont ou au cours d'un débat législatif, à la manière d'un... Premier ministre d'une démocratie parlementaire. Cela, il ne l'a pas obtenu, et c'est tant mieux : une telle réforme aurait rehaussé d'un cran l'incohérence de notre texte constitutionnel dès lors qu'il s'agit des places respectives du président de la République et du Premier ministre. (Par parenthèse, nous pouvons rendre grâce ici aux experts gouvernementaux qui ont limité le ridicule de l'avant-projet de réforme constitutionnelle : Nicolas Sarkozy, suivi en cela par le comité Balladur, avait envisagé, un temps, de pouvoir demander à être invité par les commissions d'enquête parlementaires, lesquelles n'auraient bien sûr pas pu le convoquer...)

Reste que le Président pourra désormais s'adresser directement au Parlement, qu'il convoquera à sa discrétion, sans que ce dernier puisse le contraindre à le faire. Sa déclaration sera *éventuellement* suivie d'un débat (mais qui en décidera ?), auquel il n'assistera pas, puisqu'il aura alors quitté la salle versaillaise du Congrès – les parlementaires ne pourront donc pas, symboliquement, s'adresser directement à lui. S'il a lieu, ce débat ne sera pas suivi par un vote, ce qui signifie clairement que cette intervention présidentielle ne peut pas conduire, dans les formes parlementaires, à une mise en cause de sa responsabilité. Nous sommes loin du projet présidentiel d'accroître la responsabilité du président de la République, à moins de supposer que dans le langage sarkozien la responsabilité politique se limite au fait qu'un Président tout-puissant, sans prendre le moindre risque et en conservant l'arme ultime de disciplinarisation des députés – le droit de dissolution –, daigne venir expliquer sa politique devant les parlementaires, et s'en retourne tranquillement à l'Élysée, son devoir communicationnel accompli. On se demande aussi où est le « renforcement du Parlement » attendu de cette réforme par le comité Balladur... De façon plus générale, on ne voit pas bien ce que peut apporter à la démocratie un tel exercice, dont on peut craindre qu'il n'ait pour seul effet que de renforcer l'hyperprésidentialisme et la personnalisation du régime.

Ceci étant posé, il faut s'interroger sur le sens d'une telle réforme. Il est vrai qu'il peut sembler curieux que le président de la République soit la seule personne au monde interdite d'entrée et de parole dans l'enceinte des chambres parlementaires françaises. C'est la loi constitutionnelle du

16 juillet 1875, durcissant le célèbre « cérémonial chinois » instauré en 1873 pour essayer d'empêcher Thiers de prendre la parole devant la Chambre, qui a instauré cette « tradition républicaine », fidèlement reprise en 1946 et 1958. Fallait-il remettre en cause cette « tradition » ? Les partisans de la réforme ont avancé nombre d'arguments : pourquoi, par exemple, le président de la République française ne pourrait pas s'adresser au Parlement alors que ce dernier reçoit régulièrement en son sein, depuis 1993, des chefs d'État et de gouvernement étrangers ? Pourquoi le président français ne le pourrait-il pas, alors qu'il peut s'exprimer devant des parlements étrangers, leur réservant même parfois la primauté de déclarations importantes (comme celle de renforcer la présence militaire française en Afghanistan, annoncée devant le Parlement britannique en avril 2008) ? Surtout, pourquoi le président français, alors que chacun sait que c'est lui qui détermine la politique de la nation, ne pourrait-il pas exposer celle-ci aux parlementaires qui auront à en donner une traduction législative ?

Pourquoi, en effet, faire tant de bruit pour une réforme qui relève de l'évidence, ou du simple bon sens, qui n'accroît pas véritablement les pouvoirs du président de la République et qui n'est qu'une réparation d'une bizarrerie historique ? Pour une raison simple : permettre au président de la République de s'exprimer ainsi devant le Parlement revient à *officialiser* une pratique démocratiquement déviante – le découplage entre l'exercice du pouvoir d'État et la responsabilité politique des gouvernants –, puisque celui qui se présente comme le chef réel du pouvoir gouvernant n'endosse en rien la responsabilité de la conduite du gouvernement. En d'autres termes, la nouvelle rédaction de l'article 18 de la Constitution n'est pas si insignifiante qu'il y paraît. Elle revient à graver dans le marbre constitutionnel un principe d'irresponsabilité des gouvernants et le dévoiement présidentialiste de la Ve République. Sans compter un effet collatéral : elle marginalise symboliquement encore un peu plus un Premier ministre qui est le grand perdant de la réforme constitutionnelle.

ARTICLE 19

Les actes du président de la République autres que ceux prévus aux articles 8 (premier alinéa), 11, 12, 16, 18, 54, 56 et 61 sont contresignés par le Premier ministre et, le cas échéant, par les ministres responsables.

Titre III

LE GOUVERNEMENT

ARTICLE 20

Le gouvernement détermine et conduit la politique de la nation.

Il dispose de l'administration et de la force armée.

Il est responsable devant le Parlement dans les conditions et suivant les procédures prévues aux articles 49 et 50.

ARTICLE 21

Le Premier ministre dirige l'action du gouvernement. Il est responsable de la Défense nationale. Il assure l'exécution des lois. Sous réserve des dispositions de l'article 13, il exerce le pouvoir réglementaire et nomme aux emplois civils et militaires.

Il peut déléguer certains de ses pouvoirs aux ministres.

Il supplée, le cas échéant, le président de la République dans la présidence des conseils et comités prévus à l'article 15.

Il peut, à titre exceptionnel, le suppléer pour la présidence d'un Conseil des ministres en vertu d'une délégation expresse et pour un ordre du jour déterminé.

ARTICLE 22

Les actes du Premier ministre sont contresignés, le cas échéant, par les ministres chargés de leur exécution.

ARTICLE 23

Les fonctions de membre du gouvernement sont incompatibles avec l'exercice de tout mandat parlementaire, de toute fonction de représentation professionnelle à caractère national et de tout emploi public ou de toute activité professionnelle.

Une loi organique fixe les conditions dans lesquelles il est pourvu au remplacement des titulaires de tels mandats, fonctions ou emplois.

Le remplacement des membres du Parlement a lieu conformément aux dispositions de l'article 25.

Titre IV

LE PARLEMENT

ARTICLE 24

Le Parlement vote la loi. Il contrôle l'action du gouvernement. Il évalue les politiques publiques.

Il comprend l'Assemblée nationale et le Sénat.

Les députés à l'Assemblée nationale, **dont le nombre ne peut excéder cinq cent soixante-dix-sept**, sont élus au suffrage direct.

Le Sénat, **dont le nombre de membres ne peut excéder trois cent quarante-huit**, est élu au suffrage indirect. Il assure la représentation des collectivités territoriales de la République.

Les Français établis hors de France sont représentés **à l'Assemblée nationale** et au Sénat.

1. La Constitution de la Ve République ne consacre pas un article précis à définir à quoi sert le Parlement, alors qu'elle présente de façon détaillée les fonctions du président de la République (en particulier à l'article 5), du gouvernement et du Premier ministre (articles 20 et 21). Cet « oubli » des constituants n'est pas innocent. Il indique implicitement ce qu'a voulu faire la Constitution de 1958 : réduire la place du Parlement dans l'architecture institutionnelle. Revaloriser le Parlement passe alors peut-être d'abord par une définition synthétique et unifiée de ses fonctions (comme l'avait d'ailleurs déjà demandé, en 1993, le rapport Vedel). C'est ce qui est fait ici. Le Parlement vote la loi (la formule apparaissait déjà à l'article 34), mais surtout, car c'est devenu l'essentiel de l'activité des parlements dans les démocraties parlementaires modernes, il contrôle l'action du gouvernement et (suite à un amendement parle-

mentaire) il évalue les politiques publiques. La fonction de contrôle du gouvernement peut aller de soi, mais la formulation *générale* adoptée dans la nouvelle rédaction de l'article 24 devrait permettre de contourner les réticences exprimées à plusieurs reprises par le Conseil constitutionnel ces dernières années sur les pouvoirs de contrôle dont se sont dotées les assemblées *via* leur règlement intérieur[1]. Mais le plus important ici est bien sûr la mission d'évaluation des politiques publiques confiée au Parlement, qui permet de couvrir un champ beaucoup plus large que le seul contrôle de l'action du gouvernement, dans la mesure où cette évaluation devrait pouvoir inclure non seulement les établissements publics et les entreprises publiques mais également les organismes de Sécurité sociale, les collectivités territoriales et leurs établissements publics. On regrettera simplement que la Constitution ne fasse pas explicitement référence à l'évaluation de la mise en œuvre de la législation (alors même que les assemblées se sont donné les moyens récemment d'opérer ce type de contrôle[2]). Il faut noter que cette nouvelle fonction d'évaluation trouve une traduction concrète dans l'organisation de l'ordre du jour des assemblées et dans le rôle imparti à la Cour des comptes. Dorénavant, l'article 48 prévoit qu'« une semaine de séance sur quatre est réservée par priorité et dans l'ordre fixé par chaque assemblée au contrôle de l'action du gouvernement et à l'évaluation des politiques publiques », et l'article 47-2 dispose que la Cour des comptes « assiste

---

1. Par exemple, une résolution du 26 mars 2003 a introduit dans l'article 145 du règlement de l'Assemblée nationale un alinéa prévoyant que des missions d'information peuvent être créées par la conférence des présidents sur proposition du président de l'Assemblée nationale. Le Conseil constitutionnel (décision 2003-470 DC du 9 avril 2003) a accepté cette disposition « dès lors que l'intervention d'une mission d'information revêt un caractère temporaire et se limite à un simple rôle d'information contribuant à permettre à l'Assemblée nationale d'exercer son contrôle sur la politique du gouvernement dans les conditions prévues par la Constitution ».
2. Par exemple, par une résolution du 12 février 2004, l'Assemblée nationale s'est donné les moyens de contrôler la publication des décrets d'application d'une loi : « [...] À l'issue d'un délai de six mois suivant l'entrée en vigueur d'une loi dont la mise en œuvre nécessite la publication de textes de nature réglementaire, le député qui en a été le rapporteur ou, à défaut, un autre député désigné à cet effet par la commission compétente, présente à celle-ci un rapport sur la mise en application de cette loi. Ce rapport fait état des textes réglementaires publiés et des circulaires édictées pour la mise en œuvre de ladite loi, ainsi que de ses dispositions qui n'auraient pas fait l'objet des textes d'application nécessaires. Dans ce cas, la commission entend son rapporteur à l'issue d'un nouveau délai de six mois » (article 86-8 RAN).

le Parlement dans le contrôle de l'action du gouvernement [...] ainsi que dans l'évaluation des politiques publiques ». Si la Constitution consacre donc une mission d'évaluation parlementaire des politiques publiques, on peut cependant douter des effets réels de cette consécration. Le comité Balladur, faisant le constat d'un « échec relatif » des différents dispositifs d'évaluation mis en place depuis une dizaine d'années, l'imputait avec raison à « la solidarité politique entre le gouvernement et "sa" majorité et [à] la faiblesse du rôle reconnu à l'opposition ». Faute d'avoir prévu explicitement un rôle particulier à l'opposition dans le déclenchement de dispositifs de contrôle ou d'évaluation (par exemple la possibilité pour une minorité de parlementaires de saisir la Cour des comptes ou d'obtenir la création d'une commission d'enquête), on ne voit pas pourquoi l'analyse du comité Balladur serait un jour invalidée...

2. Jusqu'à présent la Constitution ne disait rien du nombre de députés et de sénateurs. La fixation de ce nombre – qui aura sans doute pour seul effet de rendre plus difficile le nécessaire redécoupage des circonscriptions électorales (voir l'article 25) – masque en fait l'enterrement de la réforme du mode de désignation des sénateurs. Le comité Balladur, pensant que le mode de scrutin utilisé pour l'élection des sénateurs ne devait pas être modifié, avait toutefois estimé qu'il fallait adapter le collège des « grands électeurs » sénatoriaux « aux évolutions démographiques ». Il proposait alors que soit ajoutée à la Constitution la précision selon laquelle le Sénat assure la représentation des collectivités territoriales « *en fonction* de leur population ». Il s'agissait d'appliquer une jurisprudence du Conseil constitutionnel qui fait du critère démographique un élément central du principe d'égalité du suffrage[1], mais surtout de contourner une décision très restrictive par laquelle il avait censuré une loi du gouvernement Jospin modifiant le collège des « grands électeurs », au motif que les sénateurs devaient être désignés « essentiellement » par des *élus* locaux (plutôt que par des délégués choisis en dehors des assemblées locales afin de tenir compte des différences démographiques entre collectivités)[2]. Le projet présenté au Parlement avait repris la proposition du comité Balladur en l'atténuant sémantiquement : désormais le Sénat assurait la représentation des collectivités territoriales « *en tenant compte* de leur population ». Mais c'était encore trop pour les sénateurs, qui ont supprimé ces dispositions (profitant ici, comme sur bon nombre d'autres questions, du droit de veto dont ils disposent en raison du fait que les projets de révision constitutionnelle doivent être adoptés en termes identiques par les deux assemblées). Le Sénat restera donc ce grand conseil des petites communes de France,

1. Conseil constitutionnel, décision n° 2003-475 DC du 24 juillet 2003.
2. Conseil constitutionnel, décision n° 2000-431 DC du 6 juillet 2000.

cette « anomalie » démocratique jadis fustigée avec raison par Lionel Jospin, éternel bastion de la droite conservatrice.
3. Avec la nouvelle rédaction du dernier alinéa de l'article 24, la réforme procède à un aménagement cosmétique du bicaméralisme. Dorénavant, « les Français établis hors de France » ne sont plus seulement représentés au Sénat (comme c'était le cas depuis 1946) mais aussi à l'Assemblée nationale (ce qui semble normal, même si on ne peut pas exclure ici un calcul politique, les Français de l'étranger votant plus à droite que la majorité de nos concitoyens...).

ARTICLE 25

[Entrée en vigueur dans les conditions fixées par les lois et lois organiques nécessaires à leur application (article 46-I de la loi constitutionnelle n° 2008-724 du 23 juillet 2008).]

Une loi organique fixe la durée des pouvoirs de chaque assemblée, le nombre de ses membres, leur indemnité, les conditions d'éligibilité, le régime des inéligibilités et des incompatibilités.

Elle fixe également les conditions dans lesquelles sont élues les personnes appelées à assurer, en cas de vacance du siège, le remplacement des députés ou des sénateurs jusqu'au renouvellement général ou partiel de l'assemblée à laquelle ils appartenaient **ou leur remplacement temporaire en cas d'acceptation par eux de fonctions gouvernementales**.

Une commission indépendante, dont la loi fixe la composition et les règles d'organisation et de fonctionnement, se prononce par un avis public sur les projets de texte et propositions de loi délimitant les circonscriptions pour l'élection des députés ou modifiant la répartition des sièges de députés ou de sénateurs.

1. En 1958, la Constitution de la Ve République a rompu le cordon ombilical qui reliait jusqu'alors le gouvernement au Parlement. Elle dispose que « les fonctions de membre du gouvernement sont incompatibles avec l'exercice de tout mandat parlementaire » (article 23). Cette incompatibilité a pour conséquence que si un sénateur ou un député devient ministre[1], il est remplacé par un suppléant « jusqu'au renouvellement,

1. La loi organique du 17 novembre 1958 précise que cette incompatibilité ne prend effet qu'un mois après la nomination du parlementaire au gouvernement. Pendant ce délai, son siège au Parlement demeure vacant, ce qui peut poser problème lorsque la majorité qui soutient le gouvernement est particulièrement faible.

général ou partiel, de l'assemblée » à laquelle il appartenait. L'instauration d'une incompatibilité entre mandat parlementaire et fonction ministérielle constitue alors une innovation considérable parce que le cumul était considéré à l'époque comme un élément central de la tradition parlementaire et de la carrière politique. Elle légitime, implicitement, la nomination de ministres « techniciens » ne provenant pas des rangs parlementaires, ce qui est une caractéristique du régime de la Ve République. En pratique, si cette innovation n'a pas eu pour effet de couper le parlementaire devenu ministre de sa circonscription (bien au contraire...), elle a très vraisemblablement contribué à assurer une plus forte solidarité gouvernementale – quasiment inexistante auparavant. L'accès au gouvernement est désormais risqué pour le parlementaire. Devenu ministre, s'il démissionne, s'il est révoqué ou s'il perd de ses fonctions ministérielles à l'occasion d'un remaniement du gouvernement, il ne retrouve pas automatiquement son mandat de député ou de sénateur, comme c'était le cas sous les IIIe et IVe Républiques – ce qui l'incite sans doute à favoriser par son action la stabilité du gouvernement dont il est membre. Au mieux, il peut espérer que son suppléant démissionne, auquel cas il est procédé à une élection partielle[1].

La Constitution Sarkozy ne remet pas en cause cette incompatibilité, mais en atténue la conséquence. Désormais, les députés ou sénateurs nommés ministres ne seront remplacés que *temporairement* par leur suppléant. Ils pourront donc retrouver leur siège s'ils perdent leur fonction ministérielle. Cette réforme, qui fait aujourd'hui l'objet d'un large consensus, en raison de la stabilité gouvernementale permise par le « fait majoritaire », avait été envisagée dès 1974 par Valéry Giscard d'Estaing, qui avait finalement renoncé à la faire adopter par le Congrès du Parlement en raison de l'hostilité d'un certain nombre de députés gaullistes. Elle avait été remise sur le chantier par le Parlement lui-même, en 1977, sous la forme d'une loi organique, finalement censurée par le Conseil constitutionnel au motif qu'un parlementaire devenu ministre « perd définitivement sa qualité de membre du Parlement et ne saurait la retrouver qu'à la suite d'une nouvelle élection[2] ». En 1993, le comité consultatif pour la révision de la Constitution, présidé par Georges Vedel, préconisait lui aussi le retour au Parlement des anciens ministres ; opinion partagée par les membres du comité Balladur.

Que penser d'une telle réforme ? Il est difficile d'en mesurer les effets. On peut estimer, d'une part, qu'elle permet de faciliter les allers-retours

1. Pour atténuer la rigueur de cette règle, son suppléant, devenu soit député, soit sénateur à sa place, ne peut pas se présenter contre lui, lors de cette élection partielle.
2. Conseil constitutionnel, décision n° 77-80/81 DC du 5 juillet 1977.

entre le gouvernement et le Parlement, ce qui est un moyen sans doute efficace pour le pouvoir exécutif de mieux « tenir » la majorité parlementaire en distribuant régulièrement des postes ministériels. Autre aspect négatif, la solidarité gouvernementale pourrait en être fragilisée : un ministre entrera plus facilement en « dissidence » si, en cas de renvoi, il est assuré de retrouver son siège de parlementaire. Mais, d'autre part, on peut aussi voir dans cette modification de l'article 25 un moyen pour les ministres de gagner quelque indépendance vis-à-vis du président de la République, sans l'accord duquel aucune élection partielle ne peut, en pratique, avoir lieu (sauf cohabitation). Cette modification peut également être un facteur de renforcement du lien entre la majorité parlementaire et le gouvernement, donc d'une plus grande influence de la première sur les décisions du second.

En réalité, la Constitution Sarkozy est passée ici à côté de l'essentiel : l'extension du régime des incompatibilités (article 23) à l'ensemble des mandats électifs locaux (ce que demandait le comité Balladur) ou, au moins, aux fonctions exécutives locales (comme l'avait préconisé le comité Vedel il y a quinze ans), en prévoyant éventuellement, là aussi, un système de suppléance temporaire. On voit mal comment un ministre peut faire sérieusement son travail en cumulant cette fonction avec celle de maire d'une grande ville… Et puis, il faut noter une bizarrerie : l'article 46-III de la loi constitutionnelle du 23 juillet 2008 prévoit que la réforme de l'article 25 s'applique « aux députés et sénateurs ayant accepté [des fonctions ministérielles] antérieurement à la date d'entrée en vigueur de la loi organique prévue à cet article si, à cette même date, ils exercent encore ces fonctions et que le mandat parlementaire pour lequel ils avaient été élus n'est pas encore expiré ». Autrement dit, et contrairement à ce que préconisait évidemment le comité Balladur, cette réforme a une validité *rétroactive*. Rien ne l'interdit, bien sûr, mais on peut quand même y voir une petite manipulation politicienne visant à faciliter le prochain remaniement ministériel décidé par le président de la République. On n'est jamais aussi bien servi constitutionnellement que par soi-même…

2. L'utilisation d'un mode de scrutin uninominal pour l'élection des députés implique qu'il y ait autant de circonscriptions que de sièges à l'Assemblée nationale – 577 aujourd'hui[1]. Celles-ci sont délimitées à l'intérieur de chaque département (555 circonscriptions en métropole et 22 outre-mer) sur une base – théoriquement – démographique afin d'assurer une égalité de représentation des électeurs, étant entendu qu'il

1. C'est la réforme électorale du 10 juillet 1985 qui a porté ce nombre à 577 (il était jusqu'alors de 491). Ce chiffre est aujourd'hui « constitutionnalisé » à l'article 24.

a été décidé que même les départements les moins peuplés de la métropole seraient représentés par au moins deux députés (c'est ainsi que le nombre de circonscriptions varie de 2 à 24 selon les départements). En réalité, ce principe d'égalité démographique des circonscriptions n'est pas respecté. La révision de la carte des circonscriptions est rare (la dernière date de novembre 1986), et c'est le recensement de 1982 qui est encore au fondement du découpage actuel des circonscriptions. Il en résulte que les disparités entre circonscriptions sont aujourd'hui considérables. Par exemple, lors des élections législatives de 2002, un député représentait 130 792 habitants en Haute-Garonne et 36 755 en Lozère. De façon plus générale, les vingt-cinq départements les plus peuplés (ils représentent plus de la moitié de la population française au recensement de 1999) ont un député pour 114 512 habitants, tandis que les vingt-cinq départements les moins peuplés ont un député pour 80 220 habitants[1] : le poids électoral des habitants des plus « petits » départements est donc de 42,7 % supérieur à celui des habitants des plus « grands » départements.

Depuis 1986, il existe pourtant un cadre législatif aux opérations de découpage, validé par le Conseil constitutionnel. La loi du 11 juillet 1986 qui autorisait le gouvernement à définir par ordonnance un nouveau découpage des circonscriptions a en effet fixé un certain nombre de critères (continuité du territoire au sein de la même circonscription – sauf bien sûr pour les parties insulaires –, respect des limites cantonales, limitation à 20 % des écarts démographiques entre les circonscriptions d'un même département) et a institué le principe d'une révision périodique de la carte des circonscriptions en fonction des évolutions démographiques (« Il est procédé à la révision des limites des circonscriptions [...] après le deuxième recensement général de la population suivant la dernière délimitation »), d'autant plus facile à réaliser que le système de recensement général a été remplacé par un mode de recensement permanent qui permet, chaque année, la publication d'un décret authentifiant le dénombrement de la population.

Mais ces critères et ce principe n'ont jamais été appliqués depuis... faute de révision de la carte électorale. Si le Conseil constitutionnel a plusieurs fois rappelé que « l'Assemblée nationale [...] doit être élue sur des bases essentiellement démographiques »[2], tout en acceptant une certaine sou-

1. Encore faut-il remarquer ici qu'il peut exister de très fortes disparités au sein d'un même département. Ainsi par exemple, dans le Var, la 1re circonscription compte 73 946 habitants (en 1999), contre 180 153 dans la 6e ; dit autrement deux habitants de la 1re circonscription valaient presque cinq habitants de la 6e lors des élections législatives de 2002.

2. Par exemple, décision n° 86-208 DC du 2 juillet 1986.

plesse[1], il est fort démuni pour pouvoir contrôler le respect de cette égalité démographique. Non seulement il considère que son contrôle ne peut être que minimal[2], mais en l'absence de loi organisant le redécoupage des circonscriptions il ne peut être saisi d'une carence du législateur. Et, de fait, le Conseil constitutionnel se contente d'inviter régulièrement le gouvernement à procéder à un redécoupage des circonscriptions, sans succès[3]... Il est vrai que le découpage des circonscriptions est un enjeu politique majeur et que le pouvoir en place est toujours soupçonné de chercher à influer ainsi sur le résultat du scrutin par des pratiques de *gerrymanderring*[4], autrement dit de « charcutage électoral ».

Le fait que la Constitution institue désormais une commission indépendante chargée d'exprimer un avis sur les opérations de découpage électoral est bien sûr un progrès (même si ce n'est pas une innovation : lors du redécoupage de 1986, le projet avait été soumis à une commission composée de trois membres du Conseil d'État, trois membres de la Cour de cassation et trois membres de la Cour des comptes). Pour autant, les garanties prévues par la nouvelle rédaction de l'article 25 sont très insuffisantes. Il aurait été nécessaire de renvoyer la création de la commis-

1. Le Conseil constitutionnel a ainsi estimé que « s'il ne s'ensuit pas que cette représentation doive être nécessairement proportionnelle à la population de chaque région [il s'agissait ici du découpage des circonscriptions électorales en Nouvelle-Calédonie] ni qu'il ne puisse être tenu compte d'autres impératifs d'intérêt général, ces considérations ne peuvent cependant intervenir que dans une mesure limitée » (décision n° 85-196 DC du 8 août 1985).

2. « La Constitution ne confère pas au Conseil constitutionnel un pouvoir général d'appréciation et de décision identique à celui du Parlement ; [...] il ne lui appartient donc pas de rechercher si les circonscriptions ont fait l'objet de la délimitation la plus équitable possible ; [...] il ne lui incombe pas davantage de faire des propositions en ce sens, comme peut être amené à le faire le Conseil d'État dans l'exercice de ses fonctions administratives » (décision n° 86-218 DC du 18 novembre 1986).

3. Voir par exemple les observations qu'il a rendues publiques le vendredi 8 juillet 2005, relatives à la préparation des élections législatives de 2007, dans lesquelles il soulignait que le découpage des circonscriptions reposait sur une situation démographique datant de vingt-trois ans (recensement de la population de 1982), alors que depuis, deux recensements étaient intervenus, l'un en 1990 et l'autre en 1999, faisant apparaître de fortes disparités de représentation.

4. Ce néologisme (né du nom de Elbridge Gerry, l'un des pères fondateurs de la Constitution américaine qui, au début du XIXe siècle, s'était fait découper une circonscription sénatoriale aux contours improbables) désigne une technique de découpage électoral visant à rassembler les votes favorables et à disperser les votes hostiles afin de s'assurer la victoire.

sion à une loi organique plutôt qu'à une loi ordinaire, de prévoir une loi organique définissant les critères de découpage des circonscriptions, d'inscrire dans la Constitution le caractère transpartisan de la composition de la commission (on comprendrait mal que l'opposition parlementaire ne soit pas représentée en tant que telle dans cette commission) et, surtout, d'obliger constitutionnellement à une révision périodique de la carte électorale (le comité Balladur avait suggéré que cette révision intervienne tous les dix ans).

ARTICLE 26

Aucun membre du Parlement ne peut être poursuivi, recherché, arrêté, détenu ou jugé à l'occasion des opinions ou votes émis par lui dans l'exercice de ses fonctions.

Aucun membre du Parlement ne peut faire l'objet, en matière criminelle ou correctionnelle, d'une arrestation ou de toute autre mesure privative ou restrictive de liberté qu'avec l'autorisation du bureau de l'assemblée dont il fait partie. Cette autorisation n'est pas requise en cas de crime ou délit flagrant ou de condamnation définitive.

La détention, les mesures privatives ou restrictives de liberté ou la poursuite d'un membre du Parlement sont suspendues pour la durée de la session si l'assemblée dont il fait partie le requiert.

L'assemblée intéressée est réunie de plein droit pour des séances supplémentaires pour permettre, le cas échéant, l'application de l'alinéa ci-dessus.

ARTICLE 27

Tout mandat impératif est nul.

Le droit de vote des membres du Parlement est personnel.

La loi organique peut autoriser exceptionnellement la délégation de vote. Dans ce cas, nul ne peut recevoir délégation de plus d'un mandat.

ARTICLE 28

Le Parlement se réunit de plein droit en une session ordinaire qui commence le premier jour ouvrable d'octobre et prend fin le dernier jour ouvrable de juin.

Le nombre de jours de séance que chaque assemblée peut tenir au cours de la session ordinaire ne peut excéder cent vingt. Les semaines de séance sont fixées par chaque assemblée.

Le Premier ministre, après consultation du président de l'assemblée concernée, ou la majorité des membres de chaque assemblée peut décider la tenue de jours supplémentaires de séance.

Les jours et les horaires des séances sont déterminés par le règlement de chaque assemblée.

ARTICLE 29

Le Parlement est réuni en session extraordinaire à la demande du Premier ministre ou de la majorité des membres composant l'Assemblée nationale, sur un ordre du jour déterminé.

Lorsque la session extraordinaire est tenue à la demande des membres de l'Assemblée nationale, le décret de clôture intervient dès que le Parlement a épuisé l'ordre du jour pour lequel il a été convoqué et au plus tard douze jours à compter de sa réunion.

Le Premier ministre peut seul demander une nouvelle session avant l'expiration du mois qui suit le décret de clôture.

ARTICLE 30

Hors les cas dans lesquels le Parlement se réunit de plein droit, les sessions extraordinaires sont ouvertes et closes par décret du président de la République.

ARTICLE 31

Les membres du gouvernement ont accès aux deux assemblées. Ils sont entendus quand ils le demandent.

Ils peuvent se faire assister par des commissaires du gouvernement.

ARTICLE 32

Le président de l'Assemblée nationale est élu pour la durée de la législature. Le président du Sénat est élu après chaque renouvellement partiel.

ARTICLE 33

Les séances des deux assemblées sont publiques. Le compte rendu intégral des débats est publié au *Journal officiel.*

Chaque assemblée peut siéger en comité secret à la demande du Premier ministre ou d'un dixième de ses membres.

Titre V

DES RAPPORTS ENTRE LE PARLEMENT ET LE GOUVERNEMENT

ARTICLE 34

La loi fixe les règles concernant :

– les droits civiques et les garanties fondamentales accordées aux citoyens pour l'exercice des libertés publiques ; **la liberté, le pluralisme et l'indépendance des médias** ; les sujétions imposées par la défense nationale aux citoyens en leur personne et en leurs biens ;

– la nationalité, l'état et la capacité des personnes, les régimes matrimoniaux, les successions et libéralités ;

– la détermination des crimes et délits ainsi que les peines qui leur sont applicables ; la procédure pénale ; l'amnistie ; la création de nouveaux ordres de juridiction et le statut des magistrats ;

– l'assiette, le taux et les modalités de recouvrement des impositions de toutes natures ; le régime d'émission de la monnaie.

La loi fixe également les règles concernant :

– le régime électoral des assemblées parlementaires, des assemblées locales **et des instances représentatives des Français établis hors de France ainsi que les conditions d'exercice des mandats électoraux et des fonctions électives des membres des assemblées délibérantes des collectivités territoriales** ;

– la création de catégories d'établissements publics ;

– les garanties fondamentales accordées aux fonctionnaires civils et militaires de l'État ;

– les nationalisations d'entreprises et les transferts de propriété d'entreprises du secteur public au secteur privé.

La loi détermine les principes fondamentaux :

– de l'organisation générale de la défense nationale ;

– de la libre administration des collectivités territoriales, de leurs compétences et de leurs ressources ;

– de l'enseignement ;

– de la préservation de l'environnement ;

– du régime de la propriété, des droits réels et des obligations civiles et commerciales ;

– du droit du travail, du droit syndical et de la Sécurité sociale.

Les lois de finances déterminent les ressources et les charges de l'État dans les conditions et sous les réserves prévues par une loi organique.

Les lois de financement de la Sécurité sociale déterminent les conditions générales de son équilibre financier et, compte tenu de leurs prévisions de recettes, fixent ses objectifs de dépenses, dans les conditions et sous les réserves prévues par une loi organique.

Des lois de programmation déterminent les objectifs de l'action de l'État.

Les orientations pluriannuelles des finances publiques sont définies par des lois de programmation. Elles s'inscrivent dans l'objectif d'équilibre des comptes des administrations publiques.

Les dispositions du présent article pourront être précisées et complétées par une loi organique.

1. L'innovation majeure de la Constitution de la Ve République, considérée à l'époque comme « révolutionnaire », a consisté à distinguer clairement deux domaines normatifs : l'un appartenant au Parlement, le domaine de la loi, l'autre au gouvernement, le domaine réglementaire. Le Parlement ne pouvait plus intervenir que dans des matières limitativement définies par la Constitution ; tous les autres sujets relevaient de la compétence exclusive du gouvernement. En distinguant clairement les domaines législatif (article 34) et réglementaire (article 37), la Constitution de 1958 cherchait à mettre un terme à un bricolage juridique ambigu qui permettait jusqu'alors aux gouvernements d'empiéter sur la loi (les fameux « décrets-lois ») pour les nécessités de leur politique. Depuis 1958, le pouvoir réglementaire n'est donc plus seulement un pouvoir subordonné à la loi (décrets d'application) ou temporaire (décrets-lois,

devenus en 1958 les ordonnances prévues à l'article 38) ; c'est également un pouvoir *autonome*, qui n'a pas besoin d'une autorisation des parlementaires pour être mis en œuvre. Le gouvernement y gagne en autonomie, en sécurité mais aussi en liberté, car si les règlements peuvent être contestés devant la juridiction administrative, l'exécutif échappe au contrôle politique du Parlement en empruntant la voie réglementaire.
Tous les constitutionnalistes s'accordent cependant à dire que cette « révolution juridique » a échoué et que c'est le Conseil constitutionnel qui est à l'origine de cette situation. Ce dernier a, tout d'abord, permis l'extension du domaine de la loi. Il a en effet estimé qu'une matière relève de la loi chaque fois qu'une disposition de la Constitution, de la Déclaration des droits de l'homme de 1789 ou du Préambule de la Constitution de 1946 fait référence à la nécessité d'une intervention du législateur. Cette jurisprudence, qui commence à se mettre en place au milieu des années 1960, a été considérablement renforcée par la suite – le Conseil constitutionnel a interprété ainsi très largement la compétence législative de fixer les règles relatives aux « garanties fondamentales accordées aux citoyens pour l'exercice des libertés publiques » –, au point que l'on peut se demander s'il existe aujourd'hui une liste limitative des matières qui rentrent dans le domaine de la loi. La jurisprudence du Conseil constitutionnel a également fortement limité la distinction entre les matières pour lesquelles « la loi fixe les règles » et celles pour lesquelles elle se contente de déterminer « les principes fondamentaux », le gouvernement devant intervenir ensuite pour la mise en application concrète de ces « principes » posés par le législateur. Ce faisant, le Conseil constitutionnel a *de facto* élargi la capacité d'intervention du Parlement car ce dernier est alors autorisé à réglementer très précisément dans la loi la mise en application de ces « principes fondamentaux ». Enfin, le Conseil constitutionnel a fait valoir qu'une disposition législative intervenant dans le domaine réglementaire n'est pas forcément inconstitutionnelle si le gouvernement, en ne cherchant pas à s'y opposer lors de la discussion parlementaire, a tacitement consenti à partager provisoirement son domaine de compétence avec le Parlement.
Pour autant, le domaine réglementaire autonome ne disparaît pas entièrement : on assiste plutôt aujourd'hui à un enchevêtrement relatif des domaines réglementaire et législatif ainsi qu'à l'obsolescence de la stricte architecture normative mise en place en 1958. Faut-il dès lors réécrire entièrement, sur ce point, la Constitution de la Ve République ? Si l'on s'accorde à considérer que le Parlement ne doit pas intervenir sur tous les aspects normatifs de la vie de la nation, mais seulement sur ceux qui sont les plus essentiels, et que le domaine de la loi doit donc être borné ; si l'on s'accorde à observer que ce domaine limité de la loi a connu une extension considérable, de fait, depuis 1958 ; si l'on s'accorde, enfin, à penser que le gouvernement doit pouvoir permettre à sa majorité,

lorsqu'il le souhaite, de prendre des mesures législatives qui entrent dans le domaine réglementaire, alors un simple toilettage de la Constitution de la Vᵉ République est suffisant sur ce point. C'est ce qui est fait ici, de façon très limitative. Les parlementaires ont d'abord souhaité ajouter « la liberté, le pluralisme et l'indépendance des médias » au domaine de la loi. Désormais ces questions ne pourront plus faire l'objet de normes réglementaires. L'intention est bien sûr sympathique, et sans doute symboliquement importante, mais le changement opéré n'est pas déterminant, la jurisprudence du Conseil constitutionnel donnant déjà valeur législative à ces matières. Les parlementaires ont ensuite introduit dans le domaine de la loi « le régime électoral [...] des instances représentatives des Français établis hors de France ainsi que les conditions d'exercice des mandats électoraux et des fonctions électives des membres des assemblées délibérantes des collectivités territoriales ». Ici, l'innovation n'est pas plus conséquente : ces questions font déjà l'objet d'un cadre législatif et relèvent à l'évidence du domaine de la loi. Ce ravaudage de l'article 34 aurait pu être plus ample : certaines dispositions auraient pu être supprimées (comme le régime d'émission de la monnaie, en raison de l'existence de l'euro), d'autres auraient pu apparaître (les règles concernant le financement des partis politiques et des syndicats ou encore l'accès aux informations détenues par l'administration ; les principes fondamentaux de la recherche, de la préservation de l'environnement ou encore de l'engagement de la force nucléaire stratégique).

2. L'avant-dernier alinéa de l'article 34 vise à contourner la jurisprudence du Conseil constitutionnel qui censure depuis quelques années les dispositions d'une loi qui n'ont pas de portée normative (c'est-à-dire qui ne prescrivent pas, n'autorisent pas, n'interdisent pas, etc.) et dénie notamment toute dimension normative aux rapports annexés aux lois de programme[1], sauf si ces dispositions non normatives entrent dans le champ matériel des lois de programme, prévues dans l'ancienne rédaction de l'article 34, qui « déterminent les objectifs de l'action économique et sociale de l'État ». Au-delà de la modification terminologique – les « lois de programme » sont remplacées par des « lois de programmation » – sans signification réelle, la réforme a consisté ici, sur la suggestion du comité Balladur, à élargir l'objet des lois de programmation – qui concerneront désormais « les objectifs de l'action de l'État » –, en espérant ainsi interdire au juge constitutionnel de faire le tri, à dire vrai assez problématique, entre les dimensions normatives et non normatives de ce type de loi. L'avenir dira si la tentative a été fructueuse...

3. Le dernier alinéa de l'article introduit deux dispositions de nature très différente. La première permet au Parlement d'être associé à la program-

1. Décision n° 2005-512 DC du 21 avril 2005.

mation pluriannuelle des finances publiques (alors que la loi de finances est structurée par un principe d'annualité). Dans leur rapport sur la mise en œuvre de la LOLF, Alain Lambert et Didier Migaud notaient déjà que l'insertion de la politique budgétaire dans un cadre pluriannuel répond à une exigence européenne, mais aussi aux nécessités de la gestion budgétaire au quotidien, les gestionnaires de crédits publics souhaitant « obtenir une plus grande visibilité sur l'évolution de leurs crédits et de leurs effectifs », et « mieux anticiper l'évolution des besoins en matière de ressources humaines[1] ». Beaucoup plus problématique est la seconde disposition qui établit que ces lois visant à établir les orientations pluriannuelles des finances publiques « s'inscrivent dans l'objectif d'équilibre des comptes des administrations publiques ». Il s'agit d'une concession faite au groupe Nouveau Centre, en échange du renoncement à d'autres amendements plus immédiatement contraignants pour les finances de l'État ou de la Sécurité sociale. Ironie de l'histoire, l'équilibre des finances publiques fait ainsi irruption dans la Constitution au moment où le monde entier redécouvre les vertus des politiques de régulation, où l'apôtre du déficit budgétaire, l'économiste John Maynard Keynes, est sorti de son purgatoire idéologique, et où les strictes normes d'encadrement européen des déficits publics volent en éclats. Ce qui place le gouvernement en situation constitutionnelle de pompier pyromane. Sur le fond, il s'agit d'un détonant mélange d'hypocrisie à court terme (parce qu'il ne s'agit que d'un « objectif », portant non sur le seul État mais embrassant aussi les comptes sociaux et les collectivités locales, sans mécanisme de sanction) et d'irresponsabilité à plus longue échéance (en inscrivant une nouvelle norme dans la Constitution, on donne au Conseil constitutionnel la possibilité de juger et, un jour, de sanctionner la politique budgétaire).

ARTICLE 34-1

[Entrée en vigueur dans les conditions fixées par les lois et lois organiques nécessaires à leur application (article 46-I de la loi constitutionnelle n° 2008-724 du 23 juillet 2008).]

Les assemblées peuvent voter des résolutions dans les conditions fixées par la loi organique.

Sont irrecevables et ne peuvent être inscrites à l'ordre du jour les propositions de résolution dont le gouvernement estime que leur adop-

1. *Rapport au gouvernement sur la mise en œuvre de la loi organique relative aux lois de finances*, octobre 2006, p. 25.

tion ou leur rejet serait de nature à mettre en cause sa responsabilité ou qu'elles contiennent des injonctions à son égard.

Ce nouvel article est en nette rupture avec l'« esprit » de la Constitution de 1958 qui avait implicitement interdit le vote de résolutions[1] – limitant la possibilité d'engager la responsabilité du gouvernement à la voie étroite ouverte à l'article 49 –, et le Conseil constitutionnel avait été, à l'occasion de l'une de ses toutes premières décisions[2], d'une très grande fermeté sur le sujet. De fait, les chambres ne pouvaient voter de résolutions que dans un nombre de cas très étroite : modification de leur règlement, levée de l'immunité de l'un de leurs membres, mise en accusation du président de la République. Une brèche, limitée, avait été ouverte en 1992, lors de la révision constitutionnelle préalable à la ratification du traité de Maastricht, en permettant aux parlementaires de voter des résolutions sur les projets ou les propositions d'actes de l'Union européenne. La réforme constitutionnelle revient donc sur cette prohibition, en autorisant très largement le vote de résolutions. Cette réforme est bienvenue parce que la Constitution de 1958 avait tellement verrouillé la vie parlementaire que les assemblées n'avaient plus aucun moyen non normatif de prendre des positions collectives et en étaient réduites à détourner l'objet de la loi, comme ce fut le cas avec les lois dites « mémorielles » (la reconnaissance législative du génocide arménien en 2001, ou celle du « rôle positif » de la colonisation en 2005), possibilité par ailleurs récemment restreinte par la jurisprudence constitutionnelle interdisant de faire figurer dans la loi des dispositions plus déclaratives que normatives[3]. Les assemblées pourront désormais s'exprimer de cette façon sur quantité de sujets, et en particulier sur la situation internationale, domaine sur lequel le Parlement est de fait totalement muet (lorsqu'il présidait la commission des affaires étrangères, Édouard Balladur avait par exemple regretté de ne pouvoir organiser un vote de l'Assemblée nationale sur l'adhésion de la Turquie à l'Union européenne). Reste qu'on ne peut méconnaître que cette nouvelle possibilité de voter des résolutions risque de détourner le Parlement de ses missions essentiel-

---

1. Dans la tradition parlementaire, voter une résolution peut être une façon pour les parlementaires de faire connaître leur opinion sur un sujet ou bien de demander au gouvernement quelque chose, ce qui peut conduire indirectement à engager la responsabilité politique de ce dernier. On trouve des traces de cette pratique dès les débuts de la IIe République. Voir Eugène Pierre, *Traité de droit politique, électoral et parlementaire*, 1924, Paris, Éditions Loysel, 1989, 5e éd., vol. I.
2. Décision n° 59-2 des 17, 18 et 24 juin 1959.
3. Conseil constitutionnel, décision n° 2005-512 DC du 21 avril 2005.

les au profit de l'exercice d'une fonction « tribunicienne », qui se matérialisera concrètement par des heures passées à la recherche d'un accord, au mot près, sur des déclarations d'intention ou de principe au contenu plus ou moins vaporeux et totalement dépourvu d'effet juridique. Mais c'est sans doute le prix à payer pour cette extension des droits d'expression de la représentation nationale...

Les assemblées pourront-elles pour autant exprimer des « vœux », appeler le gouvernement à intervenir sur telle ou telle question ? Rien n'est moins sûr. Le second alinéa, ajouté en cours de discussion parlementaire, limite fortement la portée de la réforme. Les résolutions ne pourront pas avoir pour effet d'engager la responsabilité du gouvernement et c'est ce dernier qui en décidera (sans contestation possible). Sur quel critère le gouvernement estimera-t-il que sa responsabilité risque d'être engagée ? Nul ne le sait. Les résolutions ne pourront pas non plus, suivant une ancienne jurisprudence du Conseil constitutionnel[1], contenir « des injonctions à son égard ». Là encore, sur quel critère le gouvernement distinguera-t-il entre un simple vœu et une injonction ? La rédaction finalement adoptée est d'ailleurs en net retrait par rapport à l'intention originelle de Nicolas Sarkozy, qui envisageait dans sa lettre de mission à Édouard Balladur, de « permettre au Parlement d'adopter des résolutions susceptibles d'*influencer* le travail gouvernemental ». À défaut d'accorder un nouveau « pouvoir » au Parlement, ce nouvel article 34-1 lui accorde au moins la possibilité de s'exprimer de façon plurielle, mais sous le contrôle, au fondement très flou, du gouvernement. On doit s'en étonner alors même que le fait majoritaire protège le gouvernement des errements du passé et d'un usage détourné de ce type d'intervention du Parlement. Décidément, les réflexes les plus archaïques du parlementarisme rationalisé d'antan ont la vie dure...

ARTICLE 35

La déclaration de guerre est autorisée par le Parlement.

Le gouvernement informe le Parlement de sa décision de faire intervenir les forces armées à l'étranger, au plus tard trois jours après le début de l'intervention. Il précise les objectifs poursuivis. Cette information peut donner lieu à un débat qui n'est suivi d'aucun vote.

Lorsque la durée de l'intervention excède quatre mois, le gouvernement soumet sa prolongation à l'autorisation du Parlement. Il peut demander à l'Assemblée nationale de décider en dernier ressort.

---

1. Décision n° 66-7 FNR du 21 décembre 1966.

Si le Parlement n'est pas en session à l'expiration du délai de quatre mois, il se prononce à l'ouverture de la session suivante.

On ne fait plus la guerre aujourd'hui en déclarant la guerre. Pourtant, selon la Constitution, si l'on excepte le vote des crédits et des dépenses militaires dans la loi de finances[1], le Parlement n'intervient sur les questions de défense qu'au moment de déclarer la guerre… Alors même que, depuis les débuts de la Ve République, le Premier ministre s'est vu dépouiller, de fait, de l'essentiel de ses attributions en la matière et que le chef réel des armées est à l'abri de tout contrôle parlementaire. La réforme constitutionnelle permettra assurément un meilleur contrôle du Parlement sur les opérations militaires extérieures. En partant de zéro… le progrès est nécessairement important. Ainsi, le Parlement devra dorénavant être informé de ces opérations « au plus tard trois jours après le début de l'intervention » (c'est-à-dire, vraisemblablement, après les radios et les télévisions). Le gouvernement devra surtout indiquer aux parlementaires quels sont « les objectifs poursuivis » par le président de la République – ce point a été ajouté par les députés lors de la discussion du projet –, ce qui est un petit peu plus contraignant qu'une simple information. Cette information pourra donner lieu à un débat (ce qui est déjà possible aujourd'hui – mais qui en décidera demain ?), étant précisé que ce débat ne pourra être suivi d'un vote (autrement dit ne pourra pas entraîner la mise en minorité du gouvernement).

Bien sûr, le plus important n'est pas là, mais dans l'alinéa qui suit : désormais le Parlement (en fait l'Assemblée nationale seule, en cas de refus du Sénat) devra explicitement *autoriser* la prolongation de ces opérations au-delà de quatre mois, autorisation qui vaudra alors *ad vitam aeternam*…, ce qui n'est guère satisfaisant. L'expérience prouve que ce type de disposition est relativement inefficace pour assurer un véritable contrôle parlementaire sur des opérations militaires, même pour un Parlement aussi puissant que celui des États-Unis : le War Powers Act de 1973, pourtant beaucoup plus restrictif que ce qui est aujourd'hui mis en œuvre en France, a été aisément contourné par les différents présidents américains qui ont engagé des opérations de guerre (et a d'ailleurs été rendu de fait caduc par le Patriot Act adopté après le 11 septembre 2001). En tout état de cause, il est toujours très difficile pour un Parlement d'intervenir une fois que les opérations militaires ont été engagées : les militaires engagés dans un conflit extérieur ne sont pas des pions

1. La loi fixe également les règles relatives aux « sujétions imposées par la défense nationale aux citoyens en leur personne et en leurs biens », et détermine les principes fondamentaux de « l'organisation générale de la défense nationale » (article 34).

que l'on peut retirer à sa guise de l'échiquier international. D'où d'ailleurs le fait que cette autorisation du Parlement peut toujours attendre un peu : lorsque le Parlement n'est pas en session, il ne se prononce qu'au début de la session suivante.

En réalité, sauf à se payer de mots, la question du contrôle parlementaire doit se poser bien en amont de l'intervention des forces militaires à l'étranger, comme l'avait d'ailleurs envisagé le rapport du comité Balladur. Il faut (car ce n'est pas le cas la plupart du temps) que les accords de défense et les engagements d'assistance militaire souscrits par la France soient systématiquement transmis au Parlement pour information et que ce dernier puisse alors en juger « à froid ». Une fois la guerre engagée – même si elle n'en porte pas le nom –, il est généralement trop tard.

ARTICLE 36

L'état de siège est décrété en Conseil des ministres.

Sa prorogation au-delà de douze jours ne peut être autorisée que par le Parlement.

ARTICLE 37

Les matières autres que celles qui sont du domaine de la loi ont un caractère réglementaire.

Les textes de forme législative intervenus en ces matières peuvent être modifiés par décrets pris après avis du Conseil d'État. Ceux de ces textes qui interviendraient après l'entrée en vigueur de la présente Constitution ne pourront être modifiés par décret que si le Conseil constitutionnel a déclaré qu'ils ont un caractère réglementaire en vertu de l'alinéa précédent.

ARTICLE 37-1

La loi et le règlement peuvent comporter, pour un objet et une durée limités, des dispositions à caractère expérimental.

ARTICLE 38

Le gouvernement peut, pour l'exécution de son programme, demander au Parlement l'autorisation de prendre par ordonnances, pendant un délai limité, des mesures qui sont normalement du domaine de la loi.

Les ordonnances sont prises en Conseil des ministres après avis du Conseil d'État. Elles entrent en vigueur dès leur publication mais deviennent caduques si le projet de loi de ratification n'est pas déposé devant le Parlement avant la date fixée par la loi d'habilitation. **Elles ne peuvent être ratifiées que de manière expresse.**

À l'expiration du délai mentionné au premier alinéa du présent article, les ordonnances ne peuvent plus être modifiées que par la loi dans les matières qui sont du domaine législatif.

Les ordonnances sont à la fois des actes qui sont matériellement législatifs (puisque les ordonnances interviennent dans le domaine de la loi, à la suite d'une habilitation parlementaire, et peuvent modifier le contenu de certaines lois) et organiquement réglementaires (puisqu'elles sont prises par l'exécutif en Conseil des ministres). La procédure des ordonnances s'inscrit directement dans le cadre de la rationalisation du parlementarisme qui caractérise la Constitution de la Ve République. En 1958, les constituants ont décidé qu'il ne suffisait pas de limiter le domaine de la loi. Il fallait également permettre à l'exécutif, dans certaines occasions (manifestant, par exemple, une certaine urgence), de pouvoir intervenir dans des matières théoriquement réservées au législateur (par l'article 34). Le recours aux ordonnances devait rester exceptionnel. Dans la pratique, ce ne fut pas le cas. Aujourd'hui, il y a autant de textes de nature législative qui sont pris par ordonnances que de lois votées par le Parlement (hors ratification des traités). Cette situation conduit à dessaisir le Parlement d'une part considérable de son pouvoir législatif.

Le Parlement est certes associé à la procédure des ordonnances. Il intervient à deux reprises. Il doit d'abord voter une loi, dite « loi d'habilitation », par laquelle il autorise le gouvernement à prendre par ordonnances des mesures qui sont normalement du domaine de la loi. Cette habilitation est temporaire, puisque la délégation du pouvoir législatif ne vaut que pour un délai limité qui est précisé dans la loi d'habilitation elle-même. Ce qui veut dire qu'au terme du délai précisé dans cette loi, le Parlement retrouve sa compétence normale. (Cela a une conséquence importante : au-delà de ce délai, les ordonnances ne peuvent être modifiées que par la loi dans les matières qui sont du domaine législatif.) Le Parlement intervient ensuite en aval, par le biais d'une loi dite « loi de ratification ». Cette loi de ratification est une façon pour les parlementaires d'approuver (ou pas) les ordonnances qui ont été prises par le gouvernement à la suite de son habilitation. Cette seconde intervention du Parlement ne constitue pas une véritable contrainte pour le gouvernement. En effet, est obligatoire le dépôt d'un projet de loi de ratification (si le gouvernement ne dépose pas le projet de loi de ratification, les ordonnances qu'il a prises sur la base de la loi d'habilitation sont caduques, c'est-à-dire sont réputées n'avoir jamais existé), mais la Constitution ne dit pas que le vote de cette loi par le Parlement est obligatoire. Dès lors, le gouvernement peut se contenter de déposer son projet de loi de ratification sans l'inscrire à l'ordre du jour de l'une ou l'autre des assemblées, ce qui a notamment pour conséquence d'empêcher un contrôle du Conseil constitutionnel au terme de la procédure. En effet, si le projet de loi de ratification n'est jamais voté, le Conseil constitutionnel ne pourra jamais être saisi sur la base de l'article 61 et ne pourra donc pas contrôler les ordonnances.

Pour pouvoir quand même contrôler les ordonnances, le Conseil constitutionnel va inventer la notion de « ratification implicite ». Dans une décision de 1972[1], il a en effet admis que la ratification d'une ordonnance « peut résulter d'une manifestation de volonté implicitement mais clairement exprimée par le Parlement ». En d'autres termes, le Conseil constitutionnel considère que la ratification du Parlement ne s'exprime pas forcément et uniquement par le vote de la loi de ratification. Celle-ci peut être implicite. Si le Parlement vote une loi qui, de façon plus ou moins directe, vise ou modifie une ordonnance non ratifiée, le Conseil constitutionnel estime alors qu'il y a une ratification implicite. Dès lors, si le Conseil est saisi de cette loi, il peut contrôler la loi mais aussi les ordonnances que cette loi vise implicitement (il pourra vérifier, par exemple, si les ordonnances qui ont été prises par le gouvernement entraient bien dans le cadre de la loi d'habilitation). Cette solution, satisfaisante du point de vue du contrôle de constitutionnalité, l'est beaucoup moins du point de vue du contrôle parlementaire, puisque le Parlement n'est pas amené à ratifier explicitement les ordonnances. D'où la réforme proposée qui consiste à poser le principe que les ordonnances « ne peuvent être ratifiées que de manière expresse ». Reste que le gouvernement ne sera toujours pas obligé d'inscrire à l'ordre du jour un projet de loi de ratification. Du coup, le Parlement ne pourra pas se prononcer et les ordonnances conserveront une valeur réglementaire, sans effet juridique sur leur application dans l'ordre juridique.

Cette nouvelle disposition est bienvenue, mais ne limitera pas l'usage abusif de la procédure des ordonnances. On aurait pu imaginer, à

1. Décision n° 72-73 L du 29 février 1972.

l'image de ce qui est prévu à l'article 74-1 pour les ordonnances concernant les collectivités d'outre-mer, d'introduire une disposition prévoyant que les ordonnances deviennent caduques en l'absence de ratification expresse par le Parlement dans le délai de dix-huit mois suivant leur publication. Surtout, la procédure des ordonnances servant essentiellement, de nos jours, à transposer en droit interne des directives européennes, sans véritable contrôle parlementaire, on aurait pu imaginer que cette possibilité soit fortement restreinte. À cet effet, il aurait été possible d'établir par exemple que dès lors que les parlementaires auraient voté, sur le fondement de l'article 88-4, une résolution sur un projet d'acte européen comportant des dispositions de nature législative, leur transposition en droit interne ne pourrait se faire que par la voie législative normale afin que les parlementaires puissent exercer un véritable contrôle sur la législation d'origine européenne.

ARTICLE 39

[Entrée en vigueur dans les conditions fixées par les lois et lois organiques nécessaires à leur application (article 46-I de la loi constitutionnelle n° 2008-724 du 23 juillet 2008).]

L'initiative des lois appartient concurremment au Premier ministre et aux membres du Parlement.

Les projets de loi sont délibérés en Conseil des ministres après avis du Conseil d'État et déposés sur le bureau de l'une des deux assemblées. Les projets de loi de finances et de loi de financement de la Sécurité sociale sont soumis en premier lieu à l'Assemblée nationale. Sans préjudice du premier alinéa de l'article 44, les projets de loi ayant pour principal objet l'organisation des collectivités territoriales sont soumis en premier lieu au Sénat.

La présentation des projets de loi déposés devant l'Assemblée nationale ou le Sénat répond aux conditions fixées par une loi organique.

Les projets de loi ne peuvent être inscrits à l'ordre du jour si la conférence des présidents de la première assemblée saisie constate que les règles fixées par la loi organique sont méconnues. En cas de désaccord entre la conférence des présidents et le gouvernement, le président de l'assemblée intéressée ou le Premier ministre peut saisir le Conseil constitutionnel qui statue dans un délai de huit jours.

Dans les conditions prévues par la loi, le président d'une assemblée peut soumettre pour avis au Conseil d'État, avant son examen en com-

mission, une proposition de loi déposée par l'un des membres de cette assemblée, sauf si ce dernier s'y oppose.

1. Jusqu'à présent, le deuxième alinéa de l'article 39 prévoyait que « les projets de loi [...] relatifs aux instances représentatives des Français établis hors de France » devaient être soumis en premier lieu au Sénat. Cette disposition a été supprimée pour tenir compte du fait que les Français établis hors de France sont désormais également représentés à l'Assemblée nationale (article 24). Le Sénat conserve toutefois le privilège d'être saisi en première lecture des « projets de loi ayant pour principal objet l'organisation des collectivités territoriales ». On ne voit pas bien le sens de cette disposition alors que la pratique du cumul des mandats fait en réalité de l'Assemblée nationale, tout autant que le Sénat (où le cumul du mandat parlementaire avec un mandat local est moins fréquent...), une chambre de représentants des collectivités territoriales.

2. L'inflation législative, au-delà du fait qu'elle rend l'état du droit positif totalement opaque et qu'elle produit une grande insécurité juridique, prend aujourd'hui des proportions qui confinent au ridicule : certaines lois adoptées par le Parlement, dont les décrets d'application n'ont pas encore été publiés, sont modifiées durant les mois qui suivent par d'autres lois, qui tardent elles-mêmes à entrer en vigueur, et sont parfois modifiées à nouveau à quelques mois d'intervalle... La cacophonie législative (particulièrement, ces temps-ci, en matière pénale) devient complète, d'autant que le gouvernement, abusant de la procédure d'urgence, empêche les parlementaires d'effectuer sereinement leur travail de législateur, ce qui nuit à l'évidence, de surcroît, à la qualité de la loi. D'où l'idée de ralentir le processus d'examen des projets de loi (*cf. infra* l'article 42), mais aussi de chercher à améliorer, en amont, la préparation de la législation d'origine gouvernementale. C'est l'objet des troisième et quatrième alinéas ajoutés à l'article 39.

Reprenant les conclusions d'un rapport du Conseil d'État[1], le comité Balladur avait proposé d'assortir les projets de loi soumis au Parlement d'une étude d'impact présentant les raisons pour lesquelles, compte tenu de la législation existante, il est nécessaire de légiférer de nouveau, mais aussi les effets de la nouvelle législation, en particulier en matière financière. Cette proposition n'avait pas été retenue dans le projet initial mais a été rétablie par l'Assemblée nationale. L'idée n'est pas tout à fait originale. Depuis une circulaire du Premier ministre Lionel Jospin (26 janvier 1998), tout projet de loi devait être accompagné d'une étude d'impact, transmise pour information au Parlement, qui comportait une analyse

1. *Sécurité juridique et complexité du droit. Rapport public 2006*, Paris, La Documentation française, 2006.

des avantages attendus du texte et de ses incidences sociales, économiques et budgétaires ainsi que juridiques et administratives[1]. Mais, cette obligation n'avait pas valeur constitutionnelle et surtout, de fait, ces études d'impact étaient de qualité très médiocre[2]. Dorénavant, cette nouvelle contrainte sera établie par une loi organique qui fixera (de façon détaillée, espérons-le) les conditions de présentation des projets législatifs gouvernementaux (troisième alinéa). Chaque projet de loi comportera donc un exposé des motifs présentant l'intention politique du gouvernement, une étude d'impact et un dispositif, rédigé sous la forme d'articles, qui est la partie normative du texte. Surtout, et c'est en réalité le plus important, les assemblées seront en mesure de bloquer tout projet de loi ne satisfaisant pas aux conditions posées par la loi organique, le Conseil constitutionnel étant amené à trancher en cas de désaccord avec le gouvernement (quatrième alinéa). Il est difficile de juger *a priori* la pertinence de ce nouveau dispositif, qui dépend tout à la fois de la façon dont sera rédigée la loi organique, du bon vouloir des services ministériels qui préparent les projets de loi, de l'intervention du Conseil d'État en amont de leur délibération en Conseil des ministres, mais aussi, et surtout, de la capacité de la conférence des présidents de chaque assemblée de s'affranchir de la discipline majoritaire. Si ce dispositif s'avérait efficace, il s'agirait là de l'un des points les plus importants de la réforme constitutionnelle de 2008.

3. Le dernier alinéa de l'article 39 est pour le moins curieux et pose une sérieuse question de principe. Les *projets* de loi (d'origine gouvernementale) sont obligatoirement examinés par le Conseil d'État avant d'être délibérés en Conseil des ministres (deuxième alinéa). Le Conseil d'État rend un avis – en principe non publié – qui n'engage pas le gouvernement mais pèse souvent sur la rédaction finale du texte qui sera soumis

1. Avant même cette circulaire, l'idée en avait été suggérée par le rapport Picq sur la réforme de l'État en 1994. Cette proposition avait trouvé une traduction dans une circulaire du Premier ministre du 26 juillet 1995, puis dans une autre du 21 novembre 1995 « relative à l'expérimentation d'une étude d'impact accompagnant les projets de loi et de décret en Conseil d'État », avant qu'intervienne la circulaire Jospin précitée, suivie d'une autre circulaire du Premier ministre du 26 janvier 1998 « relative à l'étude d'impact des projets de loi et de décret en Conseil d'État », puis encore une autre circulaire du 26 août 2003 « relative à la maîtrise de l'inflation normative et à l'amélioration de la qualité de la réglementation », et enfin un « guide pour l'élaboration des textes législatifs et réglementaires » élaboré par le secrétariat général du gouvernement et le Conseil d'État en juin 2005.

2. Comme en convenait d'ailleurs la direction générale de la Modernisation de l'État : http://www.thematiques.modernisation.gouv.fr/bib_res/567.pdf

au Parlement. Jusqu'à présent, les *propositions* de loi (d'origine parlementaire) n'étaient pas soumises à cette obligation. À l'initiative du comité Balladur, une symétrie a été instaurée par le cinquième alinéa entre propositions et projets de loi, à la seule réserve près que l'examen par le Conseil d'État d'une proposition de loi n'est pas automatique. Il dépend du bon vouloir du président de l'assemblée dans laquelle a été déposée cette proposition de loi (mais sur quel critère en décidera-t-il ?), et de l'acceptation de l'auteur de la proposition. À partir du moment où la Constitution élargissait l'ordre du jour réservé à l'initiative parlementaire (*cf. infra*), et laissait donc plus de place à la discussion des propositions de loi, le comité Balladur a estimé qu'il fallait « s'assurer de leur qualité juridique et de leur constitutionnalité » en prévoyant que le Conseil d'État en soit saisi avant leur examen par les commissions parlementaires. On peut s'interroger sur le bien-fondé d'une telle symétrie, et y voir en fait une forme de défiance à l'égard du Parlement. Les textes proposés par les parlementaires sont-ils si « mauvais » qu'il est nécessaire de demander un avis juridique extérieur avant leur éventuelle discussion ? (On rappellera ici que si la loi est aujourd'hui de médiocre qualité – comme l'observent tous les spécialistes – la faute en revient principalement au gouvernement, qui est à l'origine de 90 % des textes votés par le Parlement.)

Surtout, cette réforme se heurte violemment au principe de la séparation des pouvoirs. On ne peut ignorer en effet que le Conseil d'État, dans sa fonction consultative, est en réalité un auxiliaire actif du gouvernement, qu'il est amené non seulement à attirer l'attention de ce dernier sur les difficultés juridiques ou pratiques posées par tel ou tel projet de loi, mais peut aussi en apprécier l'opportunité, voire en proposer une réécriture complète. C'est d'ailleurs pour cette raison que ses avis ne sont pas rendus publics : il s'agit tout à la fois de protéger l'indépendance de jugement des membres du Conseil d'État mais aussi de ne pas trop lier le gouvernement, qui demeure libre de suivre ou pas son avis. On ne peut pas ignorer non plus que le Conseil d'État est organiquement lié au pouvoir exécutif, que le Premier ministre est en droit habilité à présider l'Assemblée générale du Conseil d'État, éventuellement remplacé par le garde des Sceaux, et que jusqu'à récemment[1] les ministres pouvaient siéger lors de cette assemblée générale ; que, dans le cadre de la procédure consultative, des représentants des différents ministères intéressés participent aux réunions du Conseil d'État et peuvent y défendre leur texte. On voit mal, dès lors, comment le Conseil d'État pourra être à la fois le conseiller du gouvernement et celui du Parlement (voire de l'opposition parlementaire). Sera-t-il amené à apprécier l'opportunité d'une pro-

1. Décret n° 2008-225 du 6 mars 2008.

position de loi ou à en proposer une nouvelle rédaction qu'il s'investira, même à son corps défendant, d'une part de l'initiative parlementaire de la loi. Sera-t-il amené à restreindre son avis aux aspects les plus juridiques, et en particulier constitutionnels, qu'il se posera en concurrent du Conseil constitutionnel qui peut être saisi en aval, en cours de procédure législative (article 41), ou après la promulgation de la loi (article 61). Comment protéger le secret de son avis s'il est remis à l'ensemble des membres de la commission parlementaire intéressée ? Comment cet avis, de fait rendu public, ne pourrait pas lier, fût-ce à la marge, les parlementaires ? C'est un très mauvais service qui a été rendu ici au Conseil d'État et une atteinte grave au principe de la séparation des pouvoirs.

ARTICLE 40

Les propositions et amendements formulés par les membres du Parlement ne sont pas recevables lorsque leur adoption aurait pour conséquence soit une diminution des ressources publiques, soit la création ou l'aggravation d'une charge publique.

ARTICLE 41

[Entrée en vigueur le 1er mars 2009.]

S'il apparaît au cours de la procédure législative qu'une proposition ou un amendement n'est pas du domaine de la loi ou est contraire à une délégation accordée en vertu de l'article 38, le gouvernement **ou le président de l'assemblée saisie** peut opposer l'irrecevabilité.

En cas de désaccord entre le gouvernement et le président de l'assemblée intéressée, le Conseil constitutionnel, à la demande de l'un ou de l'autre, statue dans un délai de huit jours.

En 1958, l'article 41 met en place ce que l'on nomme une « irrecevabilité législative » pour protéger le domaine réglementaire appartenant au gouvernement (article 37) des éventuels empiétements des parlementaires. Ainsi, le gouvernement peut s'opposer, lors de la procédure législative, à une proposition de loi ou à un amendement parlementaire qui ne rentrerait pas dans le domaine de la loi (défini à l'article 34 pour l'essentiel) ou à une délégation accordée au gouvernement pour légiférer par voie d'ordonnances (article 38).

Dans la pratique, l'article 41 est très peu utilisé, sauf lorsqu'il s'agit de faire obstacle à des manœuvres d'obstruction de l'opposition. Cela résulte, pour l'essentiel, du « fait majoritaire » qui conduit le gouvernement à autoriser les parlementaires de sa majorité à empiéter sur le domaine réglementaire ou, à l'inverse, à se protéger de telles incursions grâce à la discipline majoritaire. La jurisprudence du Conseil constitutionnel a tiré les conséquences de cette situation en estimant que les procédures spécifiques destinées à assurer la protection du domaine réglementaire contre les empiétements éventuels de la loi présentent un caractère facultatif. Il en résulte que les incursions du législateur dans le domaine réglementaire ne sont pas frappées par nature d'inconstitutionnalité et que les auteurs d'une saisine présentée en application de l'article 61, alinéa 2, de la Constitution ne sauraient se prévaloir du caractère réglementaire d'une disposition de loi pour en obtenir l'annulation[1]. La conséquence de cette décision est considérable : dire qu'une loi empiétant sur le domaine réglementaire n'est pas nécessairement inconstitutionnelle, c'est dire que la loi peut tout faire, c'est dire en fait que le domaine de la loi est illimité, même si le gouvernement a toujours le loisir de recourir à la procédure plus discrète de l'article 37 pour faire « délégaliser » les dispositions d'une loi promulguée qui présentent un caractère réglementaire.

La réforme consiste ici à ne pas laisser l'initiative de l'évocation d'une irrecevabilité législative au seul gouvernement mais de permettre au président de chaque chambre de s'opposer à une proposition de loi ou à un amendement qui intervient dans une matière non législative. L'intention peut sembler louable : permettre de mieux lutter contre l'inflation législative en favorisant un meilleur respect du partage entre domaine de la loi et domaine du règlement. Elle est en fait totalement hypocrite. Comme nous l'avons indiqué plus haut, si le domaine de la loi n'est pas respecté c'est en raison de la connivence (naturelle) entre le gouvernement et sa majorité, qui conduit à ce que le gouvernement n'oppose pas l'irrecevabilité à un amendement de son camp qui intervient dans une matière non législative. Sous couvert de donner de nouveaux pouvoirs au Parlement, on se contente en fait de lui donner des pouvoirs de police sur lui-même alors qu'il est incité le plus souvent par le gouvernement lui-même à ne pas respecter le domaine de la loi. Il aurait été beaucoup plus intéressant, en revanche, de permettre à une minorité de parlementaires (par exemple soixante députés ou soixante sénateurs) de saisir le Conseil constitutionnel, au cours de la procédure législative, afin de contester l'application faite par le gouvernement de l'irrecevabilité législative.

1. Conseil constitutionnel, décision n° 82-143 DC du 30 juillet 1982.

ARTICLE 42

[Entrée en vigueur le 1er mars 2009.]

La discussion des projets et des propositions de loi porte, en séance, sur le texte adopté par la commission saisie en application de l'article 43 ou, à défaut, sur le texte dont l'assemblée a été saisie.

Toutefois, la discussion en séance des projets de révision constitutionnelle, des projets de loi de finances et des projets de loi de financement de la Sécurité sociale porte, en première lecture devant la première assemblée saisie, sur le texte présenté par le gouvernement et, pour les autres lectures, sur le texte transmis par l'autre assemblée.

La discussion en séance, en première lecture, d'un projet ou d'une proposition de loi ne peut intervenir, devant la première assemblée saisie, qu'à l'expiration d'un délai de six semaines après son dépôt. Elle ne peut intervenir, devant la seconde assemblée saisie, qu'à l'expiration d'un délai de quatre semaines à compter de sa transmission.

L'alinéa précédent ne s'applique pas si la procédure accélérée a été engagée dans les conditions prévues à l'article 45. Il ne s'applique pas non plus aux projets de loi de finances, aux projets de loi de financement de la Sécurité sociale et aux projets relatifs aux états de crise.

S'agissant des droits du Parlement, la réécriture complète de l'article 42 est sans doute le fait majeur de cette révision constitutionnelle. Auparavant, la discussion des projets (d'origine gouvernementale[1]) et celle des propositions (d'origine parlementaire) de loi obéissaient à des règles différentes. L'ancienne version de l'article 42 disposait que « la discussion des projets de loi port[ait] devant la première assemblée saisie, sur le texte présenté par le gouvernement ». Cela signifiait concrètement que la commission saisie d'un projet gouvernemental ne pouvait modifier le

1. Environ 90 % des lois promulguées depuis 1959 sont d'origine gouvernementale – alors que, sous la IVe République, un peu plus de 70 % des lois promulguées étaient d'origine parlementaire –, comme dans toutes les démocraties parlementaires modernes où la procédure législative s'engage plus souvent sur l'initiative gouvernementale que sur l'initiative parlementaire. On verra, dans le commentaire de l'article 48, que les nouvelles règles de fixation de l'ordre du jour des assemblées ne devraient modifier qu'à la marge cette situation.

texte qu'elle examinait ou lui en substituer un autre (comme elle le pouvait avec une proposition de loi). Son rapport se bornait simplement à conclure soit à l'adoption du texte tel qu'il était présenté par le gouvernement, soit à son rejet complet (cas très rare à l'Assemblée nationale, parce que cela supposait que le gouvernement n'avait pas de majorité pour soutenir son texte au sein de la commission), soit à la nécessité de modifications. Mais, dans ce dernier cas, le plus fréquent, la commission ne pouvait que proposer alors, en annexe de son rapport, une liste d'amendements qu'elle estimait nécessaires[1]. Ces amendements étaient alors discutés en séance publique comme ceux déposés à titre individuel par un parlementaire. En d'autres termes, quoi qu'il arrive, le gouvernement était assuré que le texte du projet de loi qui serait discuté en séance publique était celui qu'il avait rédigé. Les parlementaires (de la majorité) devaient alors batailler pour convaincre le gouvernement d'accepter leurs amendements, et devaient donc supporter tout l'effort argumentatif. En disposant désormais que « la discussion des projets [...] de loi porte, en séance, sur le texte adopté par la commission », la réforme constitutionnelle bouleverse profondément l'économie de la discussion parlementaire des projets gouvernementaux. Elle valorise à l'évidence le rôle des commissions qui, jusqu'alors, lorsqu'il s'agissait de projets de loi, étaient ravalées au rang d'auteurs d'amendements parmi d'autres[2]. Elle obligera les parlementaires à être plus assidus aux travaux des commissions – et on doit regretter une fois encore que la question du cumul des mandats ait été ignorée par la réforme. Elle obligera aussi les ministres à être beaucoup plus présents au Parlement, et à être de surcroît persuasifs parce que les moyens de procédure qui permettent, en séance publique, de brider le Parlement, n'existent pas pour le travail en commission. On peut attendre également d'une telle réforme qu'elle allège la délibération en séance publique des considérations les plus « techniques » (des amendements rédactionnels, de cohérence ou de coordination) et fasse bien ressortir la dimension politique des débats. Enfin, s'il n'a pas réussi à convaincre les membres de la commission, c'est le gouvernement cette fois qui devra batailler pour rétablir, s'il le souhaite, son texte dans sa version originale. Il est plus facile de repousser un amendement, en faisant jouer la discipline majoritaire, que d'en

1. Sauf pour les projets visant à ratifier un engagement international visés à l'article 53 ; dans ce cas le rapport de la commission ne peut conclure qu'à l'adoption, au rejet ou à l'ajournement.

2. Il faut cependant noter que le « taux de réussite » de leurs amendements était généralement élevé : 90,9 % durant la session 2006-2007 (soit 1 566 amendements adoptés sur 1 722 présentés).

faire adopter un contre l'avis d'une commission composée majoritairement de parlementaires de la majorité.

Deux exceptions sont prévues. La première vise le cas où la commission n'a pas réussi à conclure ou bien a rejeté le texte déposé par le gouvernement ou par l'assemblée qui l'a examiné en première lecture. C'est le sens de l'incidente qui apparaît au premier alinéa (« à défaut... »). La discussion porte alors « sur le texte dont l'assemblée a été saisie ». La seconde (deuxième alinéa) porte sur les projets de révision constitutionnelle, les projets de loi de finances et les projets de loi de financement de la Sécurité sociale. Pour les textes financiers, cette exception se comprend parfaitement (le gouvernement a le monopole de l'initiative en ces matières), mais on comprend mal, en revanche, le privilège accordé au gouvernement pour les projets de révision constitutionnelle.

Une telle réforme implique une refonte profonde du travail parlementaire mais aussi des relations entre le gouvernement et le Parlement, s'agissant en particulier du temps accordé par le gouvernement au Parlement pour examiner ses projets. La nouvelle rédaction de l'article 42 suppose en effet que les commissions disposent du temps nécessaire à l'étude des projets et propositions de loi, à leur réécriture (probable), à la négociation avec les ministres concernés. Il ne faut pas oublier non plus qu'à l'issue de cette étape commence un autre travail : l'examen par l'ensemble des parlementaires des projets ou des propositions de loi modifiés par les commissions et la préparation, par les députés ou les sénateurs, des amendements qu'ils souhaiteraient déposer sur les textes issus des travaux des commissions. C'est donc fort logiquement que des délais de discussion des projets et propositions de loi, relativement longs, ont été instaurés. Fort logiquement aussi, ces délais ne s'appliquent pas à l'examen des textes financiers (puisque, en la matière, comme on vient de le voir, la discussion s'engage sur le texte du gouvernement). Fort logiquement enfin, ces délais ne s'appliquent pas aux « projets relatifs aux états de crise », même si on aurait aimé trouver quelque part une définition de ces « états de crise »... Reste, que le gouvernement peut toujours demander que s'applique une procédure d'urgence (pudiquement rebaptisée « procédure accélérée ») comme nous le verrons à l'article 45 de la Constitution, qui risque de mettre bas tout ce bel édifice.

ARTICLE 43

[Entrée en vigueur le 1er mars 2009.]

Les projets et propositions de loi sont envoyés pour examen à l'une des commissions permanentes dont le nombre est limité à huit dans chaque assemblée.

À la demande du gouvernement ou de l'assemblée qui en est saisie, les projets ou propositions de loi sont envoyés pour examen à une commission spécialement désignée à cet effet.

Les commissions permanentes – qui doivent être distinguées des commissions d'enquête ou des commissions mixtes paritaires – ont principalement pour fonction d'examiner les projets et propositions de loi avant leur discussion en séance plénière. Aucun texte ne peut en effet être discuté et mis aux voix s'il n'a fait, au préalable, l'objet d'un rapport par la commission compétente. À chaque « lecture » d'un projet ou d'une proposition de loi, elles doivent présenter un rapport. À cela il faut ajouter que les commissions ont développé, en particulier ces dernières années, une série d'activités de contrôle (auditions, missions d'information, suivi de l'application des lois). Les commissions sont donc au cœur de l'activité législative (et nous avons vu que le nouvel article 42 leur accorde une place plus importante encore), mais aussi de l'activité de contrôle du pouvoir exécutif (elles seront notamment sollicitées, suite à la nouvelle rédaction de l'article 13, pour examiner certaines nominations présidentielles) et d'évaluation des politiques publiques. Tout parlementaire est membre d'une seule commission permanente (les places sont réparties à la proportionnelle des groupes). La présidence des commissions revient généralement aux parlementaires de la majorité[1].

La Constitution de 1958 avait procédé à deux innovations de taille en décidant, d'une part de limiter à six le nombre de commissions *permanentes* dans chaque assemblée, et d'autre part de renvoyer par priorité l'examen des projets et propositions à des commissions *spéciales* créées pour l'occasion et destinées à disparaître une fois achevé l'examen du texte. Il s'agissait, en réduisant leur nombre – elles étaient dix-

1. Il faut espérer que le nouvel article 51-1 permettra de pérenniser la pratique actuelle qui confie la présidence de la commission des finances à un député de l'opposition. On peut attendre de cette innovation qu'elle permette un meilleur contrôle sur la dimension la plus opaque mais aussi la plus essentielle de la politique gouvernementale : l'élaboration et l'application du budget de l'État et de la Sécurité sociale. Mais il y a une raison plus fondamentale à cette innovation : dans un système politique bipolarisé, l'opposition a vocation à préparer l'alternance et donc à se constituer en « gouvernement alternatif » sur le mode du *shadow cabinet* britannique. Donner les moyens à l'opposition de bien prendre la mesure de la dimension financière du fonctionnement de l'État, au présent et pour l'avenir, c'est rendre crédibles les propositions de ce « gouvernement alternatif ». En donnant des responsabilités à l'opposition, on la rend responsable : on facilite aussi bien le contrôle du gouvernement que l'alternance démocratique.

neuf à l'Assemblée nationale sous la IVe République –, en limitant ainsi leur spécialisation et donc leur possibilité d'intervention, de brider la toute-puissance des commissions permanentes qui avaient tendance, sous les régimes précédents, à s'ériger en contre-gouvernement. Ces innovations n'ont été que partiellement mises en œuvre. Si la limitation du nombre des commissions permanentes (aux effectifs désormais pléthoriques et aux compétences disparates[1]) a sans doute pesé, bien qu'à la marge, dans la restriction des capacités d'action des parlementaires (la « disciplinarisation » majoritaire a sans doute été beaucoup plus efficace de ce point de vue), en revanche le gouvernement a le plus souvent renoncé à la faculté qui lui était offerte de créer des commissions législatives spéciales pour examiner un texte (moins d'une centaine de cas depuis 1959).
La réécriture de l'article 43 inverse la logique instaurée en 1958 : ce sont les commissions permanentes qui seront désormais saisies par priorité.

1. Selon l'actuel article 36 du règlement de l'Assemblée nationale, les six commissions permanentes se répartissent de la manière suivante : *Commission des affaires culturelles, familiales et sociales* (enseignement et recherche, formation professionnelle, promotion sociale, jeunesse et sports, activités culturelles, information, travail et emploi, santé publique, famille, population, Sécurité sociale et aide sociale, pensions civiles, militaires, de retraite et d'invalidité) ; *Commission des affaires économiques, de l'environnement et du territoire* (agriculture et pêches, énergie et industries, recherche technique, consommation, commerce intérieur et extérieur, douanes, moyens de communication et tourisme, aménagement du territoire et urbanisme, équipement et travaux publics, logement et construction, environnement) ; *Commission des affaires étrangères* (relations internationales, politique extérieure, coopération, traités et accords internationaux) ; *Commission de la défense nationale et des forces armées* (organisation générale de la défense, politique de coopération et d'assistance dans le domaine militaire, plans à long terme des armées, industries aéronautique, spatiale et d'armement, établissements militaires et arsenaux, domaine militaire, service national et lois sur le recrutement, personnels civils et militaires des armées, gendarmerie et justice militaire) ; *Commission des finances, de l'économie générale et du plan* (recettes et dépenses de l'État, exécution du budget, monnaie et crédit, activités financières intérieures et extérieures, contrôle financier des entreprises nationales, domaine de l'État) ; *Commission des lois constitutionnelles, de la législation et de l'administration générale de la République* (lois constitutionnelles, organiques et électorales, règlement, organisation judiciaire, législation civile, administrative et pénale, pétitions, administration générale des territoires de la République et des collectivités locales). La répartition des compétences est légèrement différente au Sénat (*cf.* l'art. 7 de son règlement).

Il ne s'agit en fait ici que d'accorder le texte de la Constitution à la pratique. Surtout, le nombre des commissions permanentes passe de six à huit, ce qui permettra assurément de mieux organiser et de rendre plus efficace le travail parlementaire, alors même que le travail des commissions va considérablement s'alourdir. On aurait pu imaginer ici un dispositif plus souple permettant, comme le suggérait le comité Balladur, de créer jusqu'à dix commissions permanentes dans chaque assemblée. Lorsqu'on sait que le Bundestag allemand compte vingt-deux commissions, que la Chambre des communes britannique en compte trente et une, que les commissions allemandes et britanniques ne comptent jamais plus de vingt membres (contre plus d'une centaine à l'Assemblée nationale), on mesure la défiance qui marque encore les rapports constitutionnels entre le gouvernement et le Parlement : les effectifs des commissions resteront excessifs, pour un travail véritablement efficace, et leurs compétences hétéroclites.

ARTICLE 44

[Entrée en vigueur dans les conditions fixées par les lois et lois organiques nécessaires à leur application (article 46-I de la loi constitutionnelle n° 2008-724 du 23 juillet 2008).]

Les membres du Parlement et le gouvernement ont le droit d'amendement. **Ce droit s'exerce en séance ou en commission selon les conditions fixées par les règlements des assemblées, dans le cadre déterminé par une loi organique.**

Après l'ouverture du débat, le gouvernement peut s'opposer à l'examen de tout amendement qui n'a pas été antérieurement soumis à la commission.

Si le gouvernement le demande, l'assemblée saisie se prononce par un seul vote sur tout ou partie du texte en discussion en ne retenant que les amendements proposés ou acceptés par le gouvernement.

Cet ajout ouvre la voie à une réglementation (voire à un bouleversement) du droit d'amendement. Depuis 1981, on a assisté à une véritable inflation des amendements. Sous la XIe législature (1997-2002), 50 851 amendements ont été déposés à l'Assemblée nationale. Sous la XIIe législature (2002-2007), ce chiffre a été presque multiplié par cinq (243 259 amendements déposés). On comprend dès lors que le droit d'amendement soit de plus en plus encadré par une jurisprudence restrictive (mais un peu chaotique) du Conseil constitutionnel. S'agit-il ici de tirer les leçons de cette jurisprudence ? Dans quel sens ? Difficile de le savoir... Le flou de la nouvelle rédaction de l'article 44, qui renvoie tout à la fois au règlement des assemblées et à une loi organique, est d'autant plus problématique que nous sommes ici au cœur du travail législatif. Ceci étant dit, cet article doit être aussi lu au regard du nouvel article 42. Il ouvre en effet la voie à une distinction entre le régime des amendements discutés en commission et celui des amendements discutés en séance publique, et dans le même temps à une modification de la procédure parlementaire elle-même, comme l'a suggéré le comité Balladur et laissé entrevoir l'exposé des motifs de la loi mais aussi le rapport très approfondi fait par le rapporteur de la commission des lois de l'Assemblée nationale, Jean-Luc Warsmann. Il doit être également lu au regard du nouveau partage de l'ordre du jour des assemblées prévu à l'article 48 qui, s'il n'est pas en réalité égalitaire, conduira probablement le gouvernement à essayer de limiter la durée de la délibération parlementaire... à rebours d'une revalorisation du rôle délibératif du Parlement. On pourrait ainsi assister à une profonde transformation de la délibération parlementaire et au développement des procédures d'examen simplifié de certains textes législatifs : la possibilité ouverte, pour des projets plus techniques que politiques, de donner plus d'importance à l'examen en commission (sans toutefois aller jusqu'à leur adoption définitive dès ce stade), puis de réduire d'autant le débat en séance publique (qui ne serait plus consacrée qu'aux explications de vote et au vote lui-même), le droit d'amendement s'exerçant alors exclusivement en commission et les auteurs d'amendements rejetés par la commission ne pouvant plus les défendre en séance publique. Dans ce cas, ce serait une atteinte grave qui pourrait être portée aux droits de l'opposition, dont les amendements vraisemblablement rejetés par la commission, ne pourront plus être présentés à nouveau en séance, ne pourront plus être défendus en public et ne pourront plus être soumis à un scrutin public (permettant de savoir qui a voté pour quoi). Certains songent également à mettre en place, dans le cadre cette fois de la procédure législative normale, un système de « crédit-temps », consistant pour chaque assemblée à fixer, de manière concertée, une durée programmée de ses débats : alors qu'actuellement tout auteur d'amendement a le droit de s'exprimer dans l'hémicycle, chaque groupe politique disposerait d'un temps de parole déterminé, à charge pour lui de déterminer quels amendements il entend effectivement défendre en séance. Il s'agirait clairement ici d'un dispositif « anti-obstruction », dont on peut penser qu'il est superfétatoire (le gouvernement dispose déjà de beaucoup d'armes en ce sens, ne serait-ce que le « vote bloqué » prévu au dernier alinéa de l'article 44), et surtout qu'il porte atteinte non seulement, encore une fois, aux droits de l'opposition, mais aussi à la signification de la délibération parlementaire elle-même.

En tout état de cause, la loi organique prévue au premier alinéa devra impérativement réglementer le droit d'amendement du gouvernement sur ses propres textes, faute de quoi le nouvel article 42 sera vidé de son sens. Car à quoi servirait que le débat sur un projet de loi s'engage sur le texte amendé par la commission, si le gouvernement peut à tout moment, y compris après que la discussion générale en séance publique a commencé, modifier très substantiellement son propre projet ? C'est pourquoi le comité Balladur avait proposé d'interdire au gouvernement d'introduire par amendement, dès la première lecture, des articles additionnels à ses propres projets, dès lors qu'ils étaient sans lien *direct* avec une disposition du texte en discussion, sauf s'ils étaient justifiés par des exigences constitutionnelles ou par la nécessité d'une coordination avec d'autres textes en discussion. La Constitution Sarkozy n'a pas voulu suivre la suggestion du comité Balladur sur ce point. Continuer à autoriser les amendements du gouvernement sur ses propres projets de loi à la seule condition, pour parler comme le Conseil constitutionnel, qu'ils ne soient pas « dépourvus de tout lien » avec le texte permettrait de – trop – facilement contourner le travail des commissions et les délais minimaux d'examen d'un texte par le Parlement instaurés à l'article 42.

ARTICLE 45

[Entrée en vigueur le 1er mars 2009.]

Tout projet ou proposition de loi est examiné successivement dans les deux assemblées du Parlement en vue de l'adoption d'un texte identique. **Sans préjudice de l'application des articles 40 et 41, tout amendement est recevable en première lecture dès lors qu'il présente un lien, même indirect, avec le texte déposé ou transmis.**

Lorsque, par suite d'un désaccord entre les deux assemblées, un projet ou une proposition de loi n'a pu être adopté après deux lectures par chaque assemblée ou, **si le gouvernement a décidé d'engager la procédure accélérée sans que les conférences des présidents s'y soient conjointement opposées,** après une seule lecture par chacune d'entre elles, le Premier ministre ou, **pour une proposition de loi, les présidents des deux assemblées agissant conjointement**, ont la faculté de provoquer la réunion d'une commission mixte paritaire chargée de proposer un texte sur les dispositions restant en discussion.

Le texte élaboré par la commission mixte peut être soumis par le gouvernement pour approbation aux deux assemblées. Aucun amendement n'est recevable sauf accord du gouvernement.

Si la commission mixte ne parvient pas à l'adoption d'un texte commun ou si ce texte n'est pas adopté dans les conditions prévues à l'alinéa précédent, le gouvernement peut, après une nouvelle lecture par l'Assemblée nationale et par le Sénat, demander à l'Assemblée nationale de statuer définitivement. En ce cas, l'Assemblée nationale peut reprendre soit le texte élaboré par la commission mixte, soit le dernier texte voté par elle, modifié le cas échéant par un ou plusieurs des amendements adoptés par le Sénat.

1. La nouvelle rédaction du premier alinéa de l'article 45 vise à assouplir la jurisprudence du Conseil constitutionnel sur le droit d'amendement. En dehors des irrecevabilités, prévues aux articles 40 et 41, la Constitution ne fixait jusqu'à présent aucune règle relative au contenu des amendements. Elle ne disait rien en particulier sur deux points essentiels : le lien qui doit exister entre l'amendement et le texte sur lequel il porte et l'ampleur de l'amendement par rapport à ce dernier. C'est en fait le Conseil constitutionnel, aux termes d'une jurisprudence très prétorienne, qui a fixé les règles encadrant de façon spécifique le droit d'amendement. Dans un premier temps, il a estimé, afin de faire échec aux « cavaliers législatifs » (terme par lequel on désigne les dispositions introduites par commodité dans un texte mais sans lien avec celui-ci), qu'un amendement ne devait « pas être dépourvu de tout lien avec le projet de loi en discussion[1] ». Dans un second temps, il s'est curieusement octroyé un pouvoir général d'appréciation de leur recevabilité en établissant une distinction entre le droit d'initiative (prévu à l'article 39) et le droit d'amendement (prévu à l'article 44), et en estimant sur ce fondement qu'un amendement ne devait pas dépasser, par son objet et sa portée, « les limites inhérentes à l'exercice du droit d'amendement[2] ». Il s'agissait pour le Conseil de faire obstacle à quelques abus manifestes du droit d'amendement, consistant à faire adopter sous forme d'amendement un véritable projet de loi, sans satisfaire ainsi aux règles procédurales de l'initiative gouvernementale et aux exigences d'un vrai débat parlementaire. C'est ainsi que le Conseil constitutionnel a fait une application particulièrement spectaculaire de cette « règle » en censurant l'amendement dit « Séguin », du nom du ministre qui, en réponse au refus du président de la République de signer une ordonnance sur l'aménagement du temps de travail, insérait *in extenso* le texte de cette ordonnance dans un projet de loi portant diverses mesures d'ordre social. Cette jurisprudence a été vivement contestée. Depuis 2001, sans doute conscient de l'arbitraire de

1. Décision n° 85-198 DC du 13 décembre 1985.
2. Décision n° 86-221 DC du 29 décembre 1986.

sa position et des difficultés inextricables dans laquelle il se mettait en cherchant à définir des « limites [substantielles] inhérentes » au droit d'amendement, le Conseil constitutionnel est revenu sur sa jurisprudence. Après avoir estimé que les amendements devaient être en « relation directe avec une disposition en discussion » du point de vue de leur finalité (et non pas de leur contenu)[1], il se contente aujourd'hui de s'assurer que les amendements « ne sont pas dépourvus de tout lien » avec les dispositions figurant dans le projet initial[2]. Mais cet assouplissement sémantique s'est accompagné d'une sévérité accrue, au point de mettre en danger le droit d'amendement en première lecture[3]. Afin de permettre que le droit d'amendement puisse s'exercer pleinement au cours de la première lecture des projets et des propositions de loi, dans chacune des deux assemblées parlementaires, tout en interdisant les « cavaliers législatifs », l'article 45 dispose désormais que « tout amendement est recevable en première lecture dès lors qu'il présente un lien, même indirect, avec le texte déposé ou transmis ». Reste que, si on en comprend aisément l'intention, il n'est pas facile d'apprécier la portée exacte du changement. Bien malin celui qui saura expliquer avec précision la différence entre un amendement qui « présente un lien, même indirect, avec le texte déposé » (rédaction de l'article 45) et un amendement qui n'est « pas dépourvu de tout lien avec l'objet du texte déposé » (jurisprudence du Conseil constitutionnel)...

2. Actuellement, il suffit au gouvernement de déclarer l'urgence pour supprimer la navette parlementaire et limiter l'examen du texte à une seule lecture par chaque chambre. La déclaration d'urgence est une facilité dont les gouvernements successifs usent et abusent (durant la session 2006-2007, 31 % des textes législatifs ont été examinés en urgence, sans compter ceux qui visent à ratifier un traité international), au point de mettre en péril le sens même de la délibération parlementaire dans un Parlement bicaméral. L'article 45 alinéa 2 permet désormais aux assemblées de s'opposer à la déclaration d'urgence – dénommée dorénavant « procédure accélérée », ce qui ne change bien sûr rien –, sur décision

1. Décision n° 2001-445 DC du 19 juin 2001.

2. Par exemple, décision n° 2005-532 DC du 19 janvier 2006.

3. Pour la suite de la procédure législative, le Conseil constitutionnel applique la « théorie de l'entonnoir » qui veut qu'au cours de la navette entre les deux assemblées le débat ne doit plus porter que sur les dispositions sur lesquelles un accord n'est pas déjà intervenu. À ce stade, le contrôle du Conseil devient beaucoup plus rigoureux : sauf à assurer la coordination avec un autre texte en examen, à réparer une erreur matérielle ou à corriger une inconstitutionnalité, les amendements doivent être alors en *relation directe* avec une disposition encore en discussion.

conjointe de leurs conférences des présidents. Cet organe, qui joue un rôle important dans l'organisation des travaux parlementaires (et qui voit son existence consacrée au niveau constitutionnel), réunit chaque semaine le président de la chambre considérée, les vice-présidents, les présidents des commissions permanentes, le rapporteur général de la Commission des finances, le président de la délégation pour l'Union européenne (dénommée désormais « Commission chargée des affaires européennes ») et les présidents des groupes politiques (dont le droit de vote est pondéré par l'effectif du groupe qu'ils président), en présence d'un représentant du gouvernement (généralement le ministre chargé des relations avec le Parlement). En pratique, cette garantie risque d'être très peu protectrice des droits du Parlement, puisqu'elle suppose une opposition conjointe des deux chambres (d'où de probables difficultés en cas de divergence des majorités entre l'Assemblée nationale et le Sénat), que leur décision sera prise par un cercle restreint d'acteurs, dans une relative opacité et, surtout, qu'en raison de la discipline majoritaire, on voit mal la conférence des présidents de l'Assemblée nationale résister longtemps aux *desiderata* du gouvernement. Autrement dit, l'hypothèse d'un veto conjoint des deux chambres est fort improbable.

3. Enfin, il est dorénavant prévu (deuxième alinéa) que les présidents des deux assemblées, et non plus seulement le Premier ministre, peuvent demander *conjointement* la réunion d'une commission mixte paritaire sur une proposition de loi. On peut comprendre l'intérêt de cette disposition qui enlève au Premier ministre son monopole en la matière, ce qui lui permettait soit d'obliger les chambres à poursuivre la navette en cas de désaccord persistant, soit d'essayer de concilier les points de vue *via* une commission mixte paritaire, voire même d'« enterrer » le texte en discussion, en ne l'inscrivant plus à l'ordre du jour. Cependant, en subordonnant le déclenchement de la commission mixte paritaire à un accord des deux assemblées, qui, par définition, ne sont pas d'accord sur le texte en navette, le dispositif perd l'essentiel de son intérêt.

ARTICLE 46

[Entrée en vigueur le 1er mars 2009.]

Les lois auxquelles la Constitution confère le caractère de lois organiques sont votées et modifiées dans les conditions suivantes.

Le projet ou la proposition ne peut, en première lecture, être soumis à la délibération et au vote des assemblées qu'à l'expiration des délais fixés au troisième alinéa de l'article 42. Toutefois, si la procédure accélérée a été engagée dans les conditions prévues à l'article 45, le projet

ou la proposition ne peut être soumis à la délibération de la première assemblée saisie avant l'expiration d'un délai de quinze jours après son dépôt.

La procédure de l'article 45 est applicable. Toutefois, faute d'accord entre les deux assemblées, le texte ne peut être adopté par l'Assemblée nationale en dernière lecture qu'à la majorité absolue de ses membres.

Les lois organiques relatives au Sénat doivent être votées dans les mêmes termes par les deux assemblées.

Les lois organiques ne peuvent être promulguées qu'après la déclaration par le Conseil constitutionnel de leur conformité à la Constitution.

L'article 46 transpose aux lois organiques, en les adaptant, les règles d'examen des lois ordinaires prévues dans la nouvelle rédaction de l'article 42 de la Constitution. À la différence des lois ordinaires, un délai minimal d'examen par la première assemblée saisie a été prévu en cas d'urgence. Le principal point à noter ici est le fait que le Sénat conserve sa possibilité de blocage de toute réforme le concernant, puisque les lois organiques relatives au Sénat doivent être votées dans les mêmes termes par les deux assemblées et que toute réforme constitutionnelle nécessite aussi l'accord du Sénat (voir l'article 89[1]). On peut aussi regretter que les règles d'adoption des lois organiques n'aient pas été modifiées. Hormis les lois organiques relatives au Sénat, le gouvernement peut en effet donner le dernier mot à l'Assemblée nationale qui doit alors adopter le texte à la majorité absolue de ses membres. Cette contrainte, qui pouvait paraître importante en 1958, ne l'est plus aujourd'hui en raison du « fait majoritaire ». Ainsi, pour l'adoption des nombreuses lois organiques nécessaires à la mise en œuvre de cette réforme constitutionnelle, le gouvernement n'a en réalité besoin que du seul soutien du groupe UMP à l'Assemblée nationale. Sachant que les lois organiques sont, en quelque sorte, des prolongements de la Constitution, qui en précisent le sens ou en définissent les modalités d'application, il aurait été opportun de « durcir » leurs conditions d'adoption, en exigeant par exemple une majorité qualifiée, ce qui aurait, de surcroît, participé au renforcement des droits de l'opposition.

1. Pour contourner le possible veto sénatorial, le comité Balladur avait prévu que lorsque le projet ou la proposition de révision n'a pas été voté en termes identiques après deux lectures dans chaque assemblée, le président de la République peut soumettre au référendum le texte adopté à la majorité des trois cinquièmes des suffrages exprimés par l'une ou l'autre des assemblées. Il n'a pas été suivi.

ARTICLE 47

Le Parlement vote les projets de loi de finances dans les conditions prévues par une loi organique.

Si l'Assemblée nationale ne s'est pas prononcée en première lecture dans le délai de quarante jours après le dépôt d'un projet, le gouvernement saisit le Sénat qui doit statuer dans un délai de quinze jours. Il est ensuite procédé dans les conditions prévues à l'article 45.

Si le Parlement ne s'est pas prononcé dans un délai de soixante-dix jours, les dispositions du projet peuvent être mises en vigueur par ordonnance.

Si la loi de finances fixant les ressources et les charges d'un exercice n'a pas été déposée en temps utile pour être promulguée avant le début de cet exercice, le gouvernement demande d'urgence au Parlement l'autorisation de percevoir les impôts et ouvre par décret les crédits se rapportant aux services votés.

Les délais prévus au présent article sont suspendus lorsque le Parlement n'est pas en session.

ARTICLE 47-1

Le Parlement vote les projets de loi de financement de la Sécurité sociale dans les conditions prévues par une loi organique.

Si l'Assemblée nationale ne s'est pas prononcée en première lecture dans le délai de vingt jours après le dépôt d'un projet, le gouvernement saisit le Sénat qui doit statuer dans un délai de quinze jours. Il est ensuite procédé dans les conditions prévues à l'article 45.

Si le Parlement ne s'est pas prononcé dans un délai de cinquante jours, les dispositions du projet peuvent être mises en œuvre par ordonnance.

Les délais prévus au présent article sont suspendus lorsque le Parlement n'est pas en session et, pour chaque assemblée, au cours des semaines où elle a décidé de ne pas tenir séance, conformément au deuxième alinéa de l'article 28.

ARTICLE 47-2

La Cour des comptes assiste le Parlement dans le contrôle de l'action du gouvernement. Elle assiste le Parlement et le gouvernement dans

le contrôle de l'exécution des lois de finances et de l'application des lois de financement de la Sécurité sociale ainsi que dans l'évaluation des politiques publiques. Par ses rapports publics, elle contribue à l'information des citoyens.

Les comptes des administrations publiques sont réguliers et sincères. Ils donnent une image fidèle du résultat de leur gestion, de leur patrimoine et de leur situation financière.

Jusqu'à présent la Cour des comptes était placée à équidistance du Parlement et du gouvernement. Elle était chargée d'assister aussi bien le Parlement que le gouvernement et son rôle constitutionnel était limité au contrôle de l'exécution des lois de finances et de l'application des lois de financement de la Sécurité sociale (anciens articles 47 et 47-1). Une inflexion avait été cependant donnée par la loi organique sur les finances publiques de 2001 – la LOLF – qui prévoyait que la Cour avait désormais l'« obligation » de répondre aux demandes d'assistance formulées par le président et le rapporteur général de la Commission des finances de l'Assemblée nationale et du Sénat et semblait donc en faire un instrument du contrôle parlementaire sur l'activité du gouvernement. De fait, de 2002 à 2006, quarante-trois rapports ont ainsi été transmis par la Cour des comptes aux Commissions des finances. Contournant la réticence du Conseil constitutionnel[1], la réforme constitutionnelle va plus loin encore puisque la mission première de la Cour des comptes est désormais d'assister le Parlement dans le contrôle de l'action du gouvernement. Cela signifie que toutes les commissions permanentes pourront demander à la Cour des comptes la réalisation d'études mais aussi une assistance dans leurs travaux de contrôle. Ce qui vaut pour le contrôle de l'action gouvernementale, vaut aussi pour l'évaluation des politiques publiques (y compris celles menées par les collectivités territoriales), même si ici la Cour des comptes travaille tout autant pour le gouvernement que pour le Parlement.

L'article 47-2 consacre également l'aspect le plus connu du grand public de l'activité de la Cour, tout en l'inscrivant – ce qui est bienvenu – dans une dimension démocratique : à travers ses rapports publics, la Cour des comptes « contribue à l'information des citoyens ». Enfin, même si on ne voit pas bien l'intérêt de faire figurer ici un tel principe, déjà consacré par la jurisprudence constitutionnelle et la LOLF, la Constitution énonce un

1. Il avait censuré une disposition de la LOLF qui prévoyait la transmission annuelle au Parlement, pour avis, du programme de travail de la Cour des comptes (décision n° 2001-448 DC du 25 juillet 2001), en y voyant une atteinte portée à l'indépendance de cette dernière.

principe de sincérité des comptes publics qui correspond à la nouvelle fonction de certification de la Cour des comptes.

ARTICLE 48

[Entrée en vigueur le 1er mars 2009.]

Sans préjudice de l'application des trois derniers alinéas de l'article 28, l'ordre du jour est fixé par chaque assemblée.

Deux semaines de séance sur quatre sont réservées par priorité, et dans l'ordre que le gouvernement a fixé, à l'examen des textes et aux débats dont il demande l'inscription à l'ordre du jour.

En outre, l'examen des projets de loi de finances, des projets de loi de financement de la Sécurité sociale et, sous réserve des dispositions de l'alinéa suivant, des textes transmis par l'autre assemblée depuis six semaines au moins, des projets relatifs aux états de crise et des demandes d'autorisation visées à l'article 35 est, à la demande du gouvernement, inscrit à l'ordre du jour par priorité.

Une semaine de séance sur quatre est réservée par priorité et dans l'ordre fixé par chaque assemblée au contrôle de l'action du gouvernement et à l'évaluation des politiques publiques.

Un jour de séance par mois est réservé à un ordre du jour arrêté par chaque assemblée à l'initiative des groupes d'opposition de l'assemblée intéressée ainsi qu'à celle des groupes minoritaires.

Une séance par semaine au moins, y compris pendant les sessions extraordinaires prévues à l'article 29, est réservée par priorité aux questions des membres du Parlement et aux réponses du gouvernement.

Pour être discuté en séance publique, un projet ou une proposition de loi doit être inscrit à l'ordre du jour de l'une des deux chambres. Jusqu'à présent l'article 48 instaurait au profit du gouvernement, une *priorité* dans la fixation de cet ordre du jour : « L'ordre du jour des assemblées comporte, par priorité et dans l'ordre que le gouvernement a fixé, la discussion des projets de loi déposés par le gouvernement et des propositions de loi acceptées par lui. » Ce qui signifiait que chaque assemblée était libre de déterminer elle-même un ordre du jour mais qu'elle ne pouvait le faire qu'en complément des affaires inscrites prioritairement par le gouvernement. De ce fait, l'ordre du jour complémentaire ne revêtait qu'un caractère exceptionnel (de 2002 à 2007, l'ordre du jour complémentaire a représenté au total trois séances, soit trois heures trente de débat en cinq ans). Le gouvernement arrêtait donc la liste des projets et des propositions de loi qu'il souhaitait voir figurer à l'ordre du jour de chaque assemblée et fixait l'ordre dans lequel ils devaient être discutés (il décidait également des séances qui seraient consacrées à l'examen des textes inscrits). Cette prérogative du gouvernement s'imposait aux autorités parlementaires[1] mais n'interdisait pas la concertation, en particulier au sein de la conférence des présidents. Depuis la révision constitutionnelle du 4 août 1995, *une* séance par mois était réservée, par priorité, à un ordre du jour fixé par chaque assemblée. Innovation immédiatement baptisée « niche parlementaire » comme pour signifier sa véritable nature, celle de n'être qu'un os à ronger...

La nouvelle version de l'article 48 modifie profondément – en apparence – cette logique de domination gouvernementale sur l'ordre du jour, puisqu'il n'est plus prioritaire que sur la moitié de celui-ci. En réalité, la situation est moins simple qu'il n'y paraît parce que le gouvernement peut de surcroît inscrire prioritairement à l'ordre du jour une série non négligeable de textes, énumérés au troisième alinéa. Cela vaut en particulier pour les textes financiers, particulièrement chronophages, et on peut faire l'hypothèse qu'en période « budgétaire », soit d'octobre à décembre, la réforme constitutionnelle sera vidée de toute portée. Comme chaque chambre sera par ailleurs tenue d'inscrire à son ordre du jour les projets ou propositions de loi adoptés par l'autre chambre (à défaut, le gouvernement pourra les inscrire d'office au bout de six semaines), la prééminence gouvernementale risque d'avoir encore de beaux jours devant elle... Comme le notait Jean-Jacques Hyest, rapporteur du projet de révision constitutionnelle au Sénat, la nouvelle rédaction de l'article 48 « laisse planer de nombreuses incertitudes sur la part de l'ordre du jour qui reviendrait finalement au Parlement », son homologue à l'Assemblée nationale, Jean-Luc Warsmann, maniant pour sa part la litote en parlant d'un partage de l'ordre du jour « optiquement égalitaire »...

Le fait de confier l'ordre du jour d'« un jour de séance par mois » aux groupes d'opposition ou minoritaires – et donc d'en faire avant tout un moment de *contrôle* du gouvernement puisque l'opposition n'a, de fait, aucune chance de faire adopter une proposition de loi – est assurément un progrès, mais d'ampleur malheureusement très limitée. Il faut souligner ici une petite subtilité introduite par les députés, et amoindrissant

1. Le Conseil constitutionnel a précisé (décision n° 59-2 DC des 17, 18 et 24 juin 1959) qu'il s'agissait là d'une « décision gouvernementale » qui ne pouvait être soumise au vote des assemblées.

– une fois n'est pas coutume – le bénéfice exorbitant que pouvait tirer le Sénat de la nouvelle rédaction de l'article 48. Il était prévu, dans le projet initial, qu'un jour de séance par mois soit réservé aux « groupes parlementaires qui ne déclarent pas soutenir le gouvernement ». Mais il était alors possible, en cas de victoire de la gauche aux législatives, que l'opposition au gouvernement soit la... majorité sénatoriale, et puisse bénéficier tout à la fois de l'ordre du jour réservé à chaque assemblée et de l'ordre du jour réservé à l'opposition. Les députés ont donc réservé le jour de séance mensuel aux groupes qui ne participent pas à la majorité dans chaque assemblée (les « groupes d'opposition de l'assemblée intéressée »). Malheureusement, les sénateurs du Nouveau Centre ont obtenu d'ajouter ici la référence aux « groupes minoritaires ». La Constitution accorde donc, très curieusement, les mêmes droits à un petit groupe centriste qui soutient le gouvernement et à un groupe d'opposition...

En réalité, le plus important n'est sans doute pas le « partage » de l'ordre du jour entre le gouvernement et les parlementaires, mais le fait qu'« une semaine de séance sur quatre » soit désormais réservée, à l'initiative des députés et sénateurs, « au contrôle de l'action du gouvernement et à l'évaluation des politiques publiques ». Suggérée par le comité Balladur et imposée par l'Assemblée nationale lors de la discussion du projet de réforme constitutionnelle, la novation n'est pas négligeable. Par là, le Parlement se voit doté de l'espace temporel nécessaire aux missions qui lui sont confiées à l'article 24 et qui sont celles des parlements modernes : contrôler et évaluer l'action du gouvernement. On ne peut donc que se féliciter de cette nouvelle organisation de l'ordre du jour. Mais, dans le même temps, on peut s'interroger sur les éventuels effets pervers de ce nouveau dispositif. À moins de faire l'hypothèse d'une miraculeuse autodiscipline du gouvernement, freinant soudainement sa boulimie législative, on voit mal comment il pourra se satisfaire de ce carcan temporel (même s'il est beaucoup plus lâche qu'il n'y paraît, en sa faveur) sans chercher à empiéter sur le « temps parlementaire » (en faisant par exemple porter par sa majorité ses propres projets) ou à mettre en œuvre systématiquement la « procédure accélérée » prévue à l'article 45 (instrument idéal pour gérer l'encombrement de l'ordre du jour), risquant alors d'annihiler une grande partie des mesures nouvelles permettant un meilleur travail législatif.

Le dernier alinéa permet simplement d'étendre aux sessions extraordinaires le régime des questions orales au gouvernement, ce qui est bien sûr bienvenu.

ARTICLE 49

[Entrée en vigueur le 1er mars 2009.]

Le Premier ministre, après délibération du Conseil des ministres, engage devant l'Assemblée nationale la responsabilité du gouvernement sur son programme ou éventuellement sur une déclaration de politique générale.

L'Assemblée nationale met en cause la responsabilité du gouvernement par le vote d'une motion de censure. Une telle motion n'est recevable que si elle est signée par un dixième au moins des membres de l'Assemblée nationale. Le vote ne peut avoir lieu que quarante-huit heures après son dépôt. Seuls sont recensés les votes favorables à la motion de censure qui ne peut être adoptée qu'à la majorité des membres composant l'Assemblée. Sauf dans le cas prévu à l'alinéa ci-dessous, un député ne peut être signataire de plus de trois motions de censure au cours d'une même session ordinaire et de plus d'une au cours d'une même session extraordinaire.

Le Premier ministre peut, après délibération du Conseil des ministres, engager la responsabilité du gouvernement devant l'Assemblée nationale sur le vote **d'un projet de loi de finances ou de financement de la Sécurité sociale**. Dans ce cas, ce projet est considéré comme adopté, sauf si une motion de censure, déposée dans les vingt-quatre heures qui suivent, est votée dans les conditions prévues à l'alinéa précédent. **Le Premier ministre peut, en outre, recourir à cette procédure pour un autre projet ou une proposition de loi par session**.

Le Premier ministre a la faculté de demander au Sénat l'approbation d'une déclaration de politique générale.

À la gauche de l'échiquier politique, tout le monde s'en est félicité : la réforme constitutionnelle de 2008 a limité les usages possibles de l'article « 49/3 », symbole de la loi d'airain du parlementarisme rationalisé qui vertèbre la Ve République. Tel qu'il est conçu en 1958, le troisième alinéa de l'article 49, est une merveille d'ingénierie constitutionnelle : il permet au gouvernement de faire adopter ses projets de loi même s'il ne dispose pas d'une véritable majorité, en associant la souplesse d'utilisation de la question de confiance (premier alinéa) aux contraintes d'utilisation (pour l'opposition) de la motion de censure (deuxième alinéa). Le principe est le suivant : le Premier ministre, à tout moment de la procédure législative, peut engager la responsabilité du gouvernement sur le vote de tout ou partie d'un texte. Si dans les vingt-quatre heures qui suivent aucune motion de censure n'est déposée (ce qui a été le cas près d'une fois sur deux depuis 1958), le texte est alors considéré comme étant adopté... alors même qu'il n'y a pas eu vote des députés. Si, en revanche, une motion de censure est déposée, celle-ci ne peut être adoptée qu'à la majorité absolue des membres de l'Assemblée nationale, les abstentions étant ici considérées comme des votes contre la motion de censure. Si cette condition n'est pas remplie, la motion est rejetée (ce qui a toujours été le cas), le texte de loi est alors considéré comme adopté ; dans le cas contraire, le Premier ministre doit remettre au président de la République la démission du gouvernement (article 50). L'engagement de la responsabilité du gouvernement sur le vote d'un texte apparaît ainsi comme l'une des armes les plus sophistiquées dont dispose le gouvernement face au Parlement. Par ce moyen, il peut faire adopter un texte qui dans des circonstances de vote normales n'obtiendrait pas la majorité des suffrages.

Dans l'esprit des constituants de 1958, l'utilisation de l'article « 49/3 » devait rester exceptionnelle et réservée à un gouvernement ne disposant que d'une majorité relative ou fragile. Elle est devenue, au fil des années, une arme banalisée à la disposition des gouvernements, même lorsqu'ils disposent du soutien d'une forte majorité. Avec la consolidation du « fait majoritaire », la question de sa suppression s'est donc posée. D'autant que le gouvernement Jospin, bien que s'appuyant sur une majorité « plurielle » et en n'utilisant jamais cet article de la Constitution, a apporté la preuve que l'on pouvait parfaitement gouverner sans brutaliser de la sorte l'Assemblée nationale, et qu'après tout gouverner c'était aussi convaincre sa propre majorité...

C'est donc en apparence dans cet esprit que la Constitution Sarkozy limite les usages possibles de ce fameux article « 49/3 » en disposant qu'il ne peut plus être utilisé que pour les lois de finances et les lois de financement de la Sécurité sociale. Mais, et c'est là que le bât blesse, le texte précise, dans le même mouvement, qu'« en outre » le Premier ministre « peut recourir à cette procédure pour un autre projet ou une proposition de loi par session ». De deux choses l'une : soit l'on considère que l'article « 49/3 » demeure utile en cas de majorité « relative » ou « instable » (on peut penser ici à la situation de Michel Rocard qui, entre 1988 et 1991, a utilisé vingt-huit fois cette procédure, pour faire adopter douze textes, et a affronté alors cinq motions de censure) et alors il ne faut absolument pas restreindre les utilisations de cet article ; soit on considère que le texte est inutile compte tenu de la « majoritarisation » du système politique, que gouverner c'est aussi convaincre sa propre majorité ou en constituer une autour de soi, et alors il faut effectivement restreindre très fortement les utilisations possibles de l'article « 49/3 ». La voie médiane n'a aucun sens parce qu'elle ne limite rien : depuis onze ans, cet article n'a été utilisé que trois fois (par Jean-Pierre

Raffarin en février 2003 sur le mode d'élection des députés européens et des conseillers régionaux, puis en juillet 2004 sur la loi relative aux responsabilités locales ; par Dominique de Villepin en janvier 2006 sur la loi relative à l'égalité des chances) par des gouvernements assurés d'une majorité totalement hégémonique à l'Assemblée nationale. Autrement dit, la réforme ne change rien. *Much ado about nothing.*

ARTICLE 50

Lorsque l'Assemblée nationale adopte une motion de censure ou lorsqu'elle désapprouve le programme ou une déclaration de politique générale du gouvernement, le Premier ministre doit remettre au président de la République la démission du gouvernement.

ARTICLE 50-1

[Entrée en vigueur le 1er mars 2009.]

Devant l'une ou l'autre des assemblées, le gouvernement peut, de sa propre initiative ou à la demande d'un groupe parlementaire au sens de l'article 51-1, faire, sur un sujet déterminé, une déclaration qui donne lieu à débat et peut, s'il le décide, faire l'objet d'un vote sans engager sa responsabilité.

Cet article a été inséré dans la Constitution par l'Assemblée nationale qui avait supprimé, dans le même mouvement, les résolutions prévues à l'article 34-1 (rétablies en deuxième lecture par le Sénat). Le rapporteur du projet à l'Assemblée nationale se félicitait de cette innovation « permettant au gouvernement de faire devant les assemblées une déclaration à caractère thématique suivie d'un débat, et éventuellement d'un vote, sans que ce dernier mette en cause la responsabilité du gouvernement », et précisait alors que « ce mécanisme innovant permettra au Parlement d'exprimer une opinion sans présenter les risques de dérive que contenait le vote de résolutions ». Résultat, nous nous retrouvons avec deux mécanismes pour partie redondants et très « verrouillés » au profit du gouvernement : le vote de résolutions par les parlementaires et la possibilité pour le gouvernement d'organiser un débat sur un thème (ce qui était, par ailleurs, déjà possible). La Constitution Sarkozy est moins prolixe sur les droits de l'opposition

ARTICLE 51

La clôture de la session ordinaire ou des sessions extraordinaires est de droit retardée pour permettre, le cas échéant, l'application de l'article 49. À cette même fin, des séances supplémentaires sont de droit.

ARTICLE 51-1

[Entrée en vigueur le 1er mars 2009.]

Le règlement de chaque assemblée détermine les droits des groupes parlementaires constitués en son sein. Il reconnaît des droits spécifiques aux groupes d'opposition de l'assemblée intéressée ainsi qu'aux groupes minoritaires.

1. Le nouvel article 51-1 de la Constitution donne une existence constitutionnelle aux groupes parlementaires. Dans l'histoire du parlementarisme en France, la reconnaissance des groupes politiques est très tardive : c'est une résolution du 1er juillet 1910 qui inscrit leur existence dans le règlement de la Chambre des députés. La Constitution de 1946 officialise leur existence en prévoyant que l'élection du bureau de l'Assemblée nationale se fait à la représentation proportionnelle des groupes, mais la révision de 1954 supprime cette disposition, et la Constitution de 1958 sera muette sur ce point (alors même que, pour la première fois dans l'histoire constitutionnelle française, elle reconnaît l'existence des partis à son article 4). Si la Constitution les ignorait jusqu'à présent, les groupes jouent cependant un rôle essentiel dans la vie parlementaire. Leurs présidents participent à la conférence des présidents de chaque assemblée, et peuvent intervenir en tant que tels dans le déroulement de la séance pour demander une suspension, une vérification du quorum ou le scrutin public. Surtout, bien qu'inégalement, les groupes sont le lieu où s'exerce la discipline parlementaire car ils contrôlent les initiatives de leurs membres (dépôts de propositions, d'amendements ou de questions), la composition des commissions, le choix des rapporteurs, voire la représentation du groupe en séance[1].

---

1. Comme le note Jean-Michel Belorgey : « L'existence des groupes a peu à peu confisqué aux parlementaires toutes les prérogatives que la Constitution leur avait individuellement dévolues » (*Le Parlement à refaire*, Paris, Gallimard, 1991, p. 74).

2. Dans une démocratie parlementaire marquée par le « fait majoritaire » chacun s'accorde à penser qu'une place particulière doit être faite à l'opposition, pour tout à la fois dynamiser le travail parlementaire et lui permettre de jouer un rôle plus « responsable ». Renforcer l'opposition parlementaire, c'est renforcer le Parlement. C'est Valéry Giscard d'Estaing le premier qui, à peine élu président de la République en 1974, avait lancé l'idée d'un statut de l'opposition. L'idée a depuis fait son chemin. La situation actuelle est bien plus favorable à l'opposition qu'elle ne l'était il y a trente ans, mais il n'existe toujours pas de véritable « statut de l'opposition » octroyant, au plan constitutionnel, des droits spécifiques aux parlementaires qui ne soutiennent pas le gouvernement. Jusqu'à présent la notion même d'opposition et de majorité n'avait d'ailleurs pas d'existence constitutionnelle et, récemment, le Conseil constitutionnel avait même posé un sérieux verrou en censurant une réforme du règlement de l'Assemblée nationale qui reconnaissait les notions de majorité et d'opposition et faisait bénéficier cette dernière de droits particuliers sur le fondement d'un système déclaratif. Le Conseil avait en effet estimé qu'en « requérant des groupes une déclaration d'appartenance à la majorité ou à l'opposition et en conférant, en cas de contestation, un pouvoir de décision au bureau de l'Assemblée nationale, les modalités retenues [...] conduisent à méconnaître le premier alinéa de l'article 4 de la Constitution et [...] ont pour effet d'instaurer entre les groupes une différence de traitement injustifiée[1] ».

Le nouvel article 51-1 permet de contourner cette jurisprudence constitutionnelle, mais n'établit pas pour autant un statut de l'opposition. Surtout, sa formulation laisse pour le moins dubitatif. D'abord, il n'y a pas de définition de l'« opposition ». Le projet initial prévoyait de faire figurer à l'article 4 une définition de l'« opposition », certes en creux, mais qui avait le mérite de la clarté : « les partis et groupements politiques qui n'ont pas déclaré soutenir le gouvernement ». Mais cette définition a disparu lors de la discussion parlementaire au profit d'une formule creuse sur « la participation équitable des partis et groupements politiques à la vie démocratique de la nation ». Ensuite, il faut remarquer que les droits de l'opposition, parce qu'ils sont définis par chaque assemblée dans leur règlement intérieur, sont totalement dépendants de... la majorité, et peuvent varier d'une chambre à l'autre. On a du mal à comprendre, compte tenu de l'importance de cette question, que les droits de l'opposition n'aient pas été fixés par une loi organique, et même que certains n'aient pas été inscrits directement dans la Constitution (par exemple, comme le suggérait le comité Balladur – et cette liste n'est bien sûr pas limitative – « que la présidence des commissions permanentes des deux assem-

1. Décision n° 2006-537 DC du 22 juin 2006.

blées soit répartie à la représentation proportionnelle des groupes [et] que tous les groupes parlementaires puissent obtenir chacun la création d'une commission d'enquête par an »). Enfin, encore une fois (voir le commentaire de l'article 48), on a du mal à comprendre que soient mis sur le même plan les droits des groupes de l'opposition et ceux des groupes minoritaires au sein de la majorité.

On ne peut bien sûr pas préjuger des droits nouveaux qui pourront être accordés aux groupes d'opposition dans les règlements de l'Assemblée nationale et du Sénat. Mais on peut faire le pari qu'ils seront réduits à portion congrue, et qu'au mieux, les modifications réglementaires pourraient être limitées à une consécration de pratiques déjà en vigueur (ce que laisse fortement à penser l'exposé des motifs du projet de révision) comme la direction copartagée (président/rapporteur) de commissions d'enquête ou de missions d'information.

ARTICLE 51-2

[Entrée en vigueur le 1er mars 2009.]

Pour l'exercice des missions de contrôle et d'évaluation définies au premier alinéa de l'article 24, des commissions d'enquête peuvent être créées au sein de chaque assemblée pour recueillir, dans les conditions prévues par la loi, des éléments d'information.

La loi détermine leurs règles d'organisation et de fonctionnement. Leurs conditions de création sont fixées par le règlement de chaque assemblée.

Jusqu'à présent la Constitution ne mentionnait pas l'existence des commissions d'enquête. Ces dernières étaient régies par l'ordonnance organique n° 58-1100 du 17 novembre 1958 qui pose un certain nombre de conditions contraignantes à leur création et interdit notamment qu'elles portent sur des faits ayant donné lieu à des poursuites judiciaires et aussi longtemps que ces poursuites sont en cours. Cela donne au gouvernement le moyen de s'opposer subrepticement à une telle création puisqu'il contrôle l'engagement des poursuites judiciaires. Ce nouvel article 51-2 donne dorénavant un statut constitutionnel aux commissions d'enquête, mais leurs conditions de création et leurs règles d'organisation et de fonctionnement qui relevaient jusqu'alors d'une loi organique, relèvent désormais de la loi, voire du règlement des assemblées... Reste donc à attendre l'adoption de cette loi pour en savoir plus, en espérant que le législateur suivra la recommandation du comité Balladur de supprimer la restriction portant sur les affaires donnant lieu à des poursuites judiciaires.

Cette constitutionnalisation des commissions d'enquête n'aura sans doute pas grand effet si on n'en change pas certaines règles de création et de fonctionnement. Les commissions d'enquête doivent, bien sûr, pouvoir être créées à l'initiative de l'opposition, et les rapports de ces commissions doivent pouvoir contenir des « opinions divergentes » formulées par les membres de l'opposition. Surtout, il faudrait rendre obligatoire le fait que les conclusions des commissions d'enquête fassent l'objet d'un débat en séance publique, en présence du gouvernement. Car, qui lit les rapports des commissions d'enquête ? Qui est informé de leurs conclusions ? Cet exercice central du travail de contrôle parlementaire, reposant souvent sur des investigations considérables, dont les résultats sont parfois dérangeants pour le pouvoir en place, ne connaît pas jusqu'à présent la publicité qu'il mérite. La qualité du contrôle parlementaire et l'information des citoyens ont tout à y gagner.

Titre VI

DES TRAITÉS
ET ACCORDS INTERNATIONAUX

ARTICLE 52

Le président de la République négocie et ratifie les traités.

Il est informé de toute négociation tendant à la conclusion d'un accord international non soumis à ratification.

ARTICLE 53

Les traités de paix, les traités de commerce, les traités ou accords relatifs à l'organisation internationale, ceux qui engagent les finances de l'État, ceux qui modifient des dispositions de nature législative, ceux qui sont relatifs à l'état des personnes, ceux qui comportent cession, échange ou adjonction de territoire ne peuvent être ratifiés ou approuvés qu'en vertu d'une loi.

Ils ne prennent effet qu'après avoir été ratifiés ou approuvés.

Nulle cession, nul échange, nulle adjonction de territoire n'est valable sans le consentement des populations intéressées.

ARTICLE 53-1

La République peut conclure avec les États européens qui sont liés par des engagements identiques aux siens en matière d'asile et de protection des droits de l'homme et des libertés fondamentales, des accords déterminant leurs compétences respectives pour l'examen des demandes d'asile qui leur sont présentées.

Toutefois, même si la demande n'entre pas dans leur compétence en vertu de ces accords, les autorités de la République ont toujours le droit de donner asile à tout étranger persécuté en raison de son action en faveur de la liberté ou qui sollicite la protection de la France pour un autre motif.

ARTICLE 53-2

La République peut reconnaître la juridiction de la Cour pénale internationale dans les conditions prévues par le traité signé le 18 juillet 1998.

ARTICLE 54

Si le Conseil constitutionnel, saisi par le président de la République, par le Premier ministre, par le président de l'une ou l'autre assemblée ou par soixante députés ou soixante sénateurs, a déclaré qu'un engagement international comporte une clause contraire à la Constitution, l'autorisation de ratifier ou d'approuver l'engagement international en cause ne peut intervenir qu'après révision de la Constitution.

ARTICLE 55

Les traités ou accords régulièrement ratifiés ou approuvés ont, dès leur publication, une autorité supérieure à celle des lois, sous réserve, pour chaque accord ou traité, de son application par l'autre partie.

Titre VII

LE CONSEIL CONSTITUTIONNEL

ARTICLE 56

[Entrée en vigueur dans les conditions fixées par les lois et lois organiques nécessaires à leur application (article 46-I de la loi constitutionnelle n° 2008-724 du 23 juillet 2008).]

Le Conseil constitutionnel comprend neuf membres, dont le mandat dure neuf ans et n'est pas renouvelable. Le Conseil constitutionnel se renouvelle par tiers tous les trois ans. Trois des membres sont nommés par le président de la République, trois par le président de l'Assemblée nationale, trois par le président du Sénat. **La procédure prévue au dernier alinéa de l'article 13 est applicable à ces nominations. Les nominations effectuées par le président de chaque assemblée sont soumises au seul avis de la commission permanente compétente de l'assemblée concernée.**

En sus des neuf membres prévus ci-dessus font de droit partie à vie du Conseil constitutionnel les anciens présidents de la République.

Le président est nommé par le président de la République. Il a voix prépondérante en cas de partage.

La modification apportée à l'article 56 vise à appliquer à la nomination des membres du Conseil constitutionnel le « contrôle » parlementaire prévu à l'article 13 pour les nominations présidentielles. Pour les nominations effectuées par les présidents de l'Assemblée nationale et du Sénat, ce ne sont toutefois pas les deux commissions permanentes compétentes des deux assemblées qui sont amenées à donner un avis, mais la seule commission de l'assemblée concernée. On a déjà dit plus haut le caractère très improbable du veto parlementaire sur ces nominations, inutile donc d'y revenir. En revanche, il faut déplorer que la réforme constitutionnelle n'ait pas supprimé la catégorie des membres « à vie » du Conseil constitutionnel, demandée aussi bien par le comité Vedel que par le comité Balladur et réclamée par toute la doctrine de droit public. Outre son caractère archaïque, alors même que le Conseil constitutionnel va se présenter de plus en plus comme une véritable juridiction, la présence « à vie » des anciens présidents de la République, qui ne siègent que de façon épisodique, pourrait aboutir à une situation ubuesque si, un jour, était appliquée la procédure de destitution prévue à l'article 68 (introduite par la réforme constitutionnelle du 23 février 2007). Surtout, et en particulier au regard des nouvelles fonctions que va assurer le Conseil constitutionnel (article 61-1), on aurait pu imaginer une refonte complète du mode de recrutement de ses membres. En Europe, seule la France utilise un système de nomination par des autorités politiques. Ce fait du prince renouvelé tous les trois ans n'est pas pour rien dans les incompréhensions que suscitent souvent l'institution et les ambiguïtés de sa politique jurisprudentielle. À l'image d'autres pays européens, comme l'Allemagne, les membres du Conseil constitutionnel pourraient être élus par les députés (sur proposition des présidents des assemblées et du Conseil supérieur de la magistrature) avec la contrainte d'une majorité des deux tiers. Puisque, dans les régimes démocratiques, il est très rare qu'une formation politique représente à elle seule une majorité des deux tiers des voix au Parlement, nous aurions alors l'assurance qu'aucun courant d'opinion ne pourrait imposer de force ses représentants au Conseil. Une légitimité démocratique doublée d'une garantie de pluralisme, voilà qui donnerait au Conseil constitutionnel une tout autre dimension. Dans le même temps, comme dans la plupart des pays européens, des conditions de compétence (diplômes, expériences professionnelles) auraient pu être exigées pour devenir membre du Conseil constitutionnel.

ARTICLE 57

Les fonctions de membre du Conseil constitutionnel sont incompatibles avec celles de ministre ou de membre du Parlement. Les autres incompatibilités sont fixées par une loi organique.

ARTICLE 58

Le Conseil constitutionnel veille à la régularité de l'élection du président de la République.

Il examine les réclamations et proclame les résultats du scrutin.

ARTICLE 59

Le Conseil constitutionnel statue, en cas de contestation, sur la régularité de l'élection des députés et des sénateurs.

ARTICLE 60

Le Conseil constitutionnel veille à la régularité des opérations de référendum prévues aux articles 11 et 89 et au titre XV. Il en proclame les résultats.

ARTICLE 61

Les lois organiques, avant leur promulgation, **les propositions de loi mentionnées à l'article 11 avant qu'elles ne soient soumises au référendum**, et les règlements des assemblées parlementaires, avant leur mise en application, doivent être soumis au Conseil constitutionnel qui se prononce sur leur conformité à la Constitution.

Aux mêmes fins, les lois peuvent être déférées au Conseil constitutionnel, avant leur promulgation, par le président de la République, le Premier ministre, le président de l'Assemblée nationale, le président du Sénat ou soixante députés ou soixante sénateurs.

Dans les cas prévus aux deux alinéas précédents, le Conseil constitutionnel doit statuer dans le délai d'un mois. Toutefois, à la demande du gouvernement, s'il y a urgence, ce délai est ramené à huit jours.

Dans ces mêmes cas, la saisine du Conseil constitutionnel suspend le délai de promulgation.

Cet ajout au premier alinéa de l'article 61 tire les conséquences des nouvelles dispositions de l'article 11 qui prévoit la possibilité d'un référendum d'initiative parlementaire avec soutien populaire, assortie d'un contrôle préalable du Conseil constitutionnel sur la proposition de loi soumise à référendum. Si on comprend bien l'intérêt d'un tel contrôle – qui vise à empêcher qu'un référendum soit engagé sur une autre matière (le rétablissement de la peine de mort par exemple) que celles prévues à l'article 11 et, plus largement, que soit adoptée une loi contraire à la Constitution (le Conseil constitutionnel s'estimant incompétent pour apprécier la constitutionnalité d'une loi adoptée par référendum[1]) –, on voit mal pour-

1. Décision n° 62-20 DC du 6 novembre 1962.

quoi ce contrôle *a priori* ne vaudrait pas pour les référendums engagés par le président de la République qui peuvent, tout autant, être contraires à la Constitution (comme c'était à l'évidence le cas du référendum de 1962 instaurant l'élection du président de la République au suffrage universel direct).

ARTICLE 61-1

[Entrée en vigueur dans les conditions fixées par les lois et lois organiques nécessaires à leur application (article 46-I de la loi constitutionnelle n° 2008-724 du 23 juillet 2008).]

Lorsque, à l'occasion d'une instance en cours devant une juridiction, il est soutenu qu'une disposition législative porte atteinte aux droits et libertés que la Constitution garantit, le Conseil constitutionnel peut être saisi de cette question sur renvoi du Conseil d'État ou de la Cour de cassation qui se prononce dans un délai déterminé.

Une loi organique détermine les conditions d'application du présent article.

Il aura fallu presque vingt ans pour que la réforme initiée par Robert Badinter en 1989 et repoussée par le Sénat en 1990, soit inscrite dans la Constitution : dorénavant la constitutionnalité d'une loi pourra être contestée après sa promulgation, au moment de son application. Saisi d'une question préjudicielle portant sur la constitutionnalité d'une disposition législative susceptible d'être appliquée à un justiciable, le Conseil constitutionnel pourra censurer cette disposition si elle porte atteinte aux droits et libertés que la Constitution garantit, avec pour effet d'abroger cette disposition (voir *infra* l'article 62). Autrement dit, l'article 61-1 instaure un contrôle de constitutionnalité *a posteriori*[1] ouvert aux justiciables.

Si l'on se fie aux discussions parlementaires, la procédure devrait être à peu près équivalente à celle prévue par Robert Badinter dans le projet avorté de 1990. À l'occasion d'un litige devant une juridiction ordinaire, une partie – toute personne physique ou morale – qui estime qu'une disposition législative qui lui est applicable est contraire aux

1. Le Conseil constitutionnel accepte déjà de contrôler « la régularité au regard de la Constitution des termes d'une loi promulguée [...] à l'occasion de l'examen de dispositions législatives qui la modifient, la complètent ou affectent son domaine » (décision n° 5-187 DC du 25 janvier 1985), mais dans le cadre de la saisine prévue à l'article 61.

droits et libertés que la Constitution garantit, pourra contester l'application qui lui en est faite et demander au juge de soulever une question préjudicielle[1] de constitutionnalité. Le juge vérifiera alors si cette disposition législative n'a pas déjà été déclarée conforme à la Constitution par le Conseil constitutionnel et si la contestation de sa constitutionnalité n'est pas manifestement infondée. Cet examen préalable effectué, il transmettra, le cas échéant, la question préjudicielle soit à la Cour de cassation, soit au Conseil d'État. Ces deux juridictions vérifieront alors si la question préjudicielle présente un caractère sérieux ou nouveau. Dans l'affirmative, elles la transmettront au Conseil constitutionnel.

On voit bien sûr tout l'intérêt d'une telle procédure pour la protection des droits fondamentaux. On n'en mesure sans doute pas tout à fait les inconvénients et les conséquences. Parce que l'introduction d'une question préjudicielle oblige la juridiction devant qui le litige est pendant à surseoir à statuer, l'évocation systématique de motifs d'inconstitutionnalité lors de litiges ordinaires pourrait avoir pour effet de rallonger considérablement des délais de jugement déjà très importants, sans compter le risque d'encombrement du Conseil d'État et de la Cour de cassation. Il ne faut pas négliger non plus les risques de contrariété de jurisprudence entre le Conseil d'État et la Cour de cassation – si, par exemple, le premier considère une question comme un moyen sérieux de saisir le Conseil constitutionnel, tandis que la seconde s'y refuse –, ni les risques de concurrence avec les juridictions internationales (comme la Cour européenne des droits de l'homme) chargées de la protection des droits fondamentaux, qui peuvent, elles aussi, être saisies par des justiciables qui contestent la loi nationale qui leur est appliquée. Certains commentateurs estiment d'ailleurs que cette réforme vient trop tard, parce que le développement à grande échelle du « contrôle de conventionnalité » (le contrôle de la conformité d'une norme nationale à une convention internationale[2]), qui peut être mis en œuvre par toutes les juridictions, la rend désormais inutile.

Ajoutons encore, au plan des conséquences, que cette réforme va obliger à une refonte profonde du fonctionnement (et sans doute de l'organisation) du Conseil constitutionnel, afin qu'il se conforme aux standards internationaux en matière de « procès équitable » – ce qui

---

1. Une question préjudicielle est une question dont il faut connaître la réponse pour pouvoir examiner au fond un litige, mais dont la réponse ne peut pas être apportée par la juridiction saisie qui doit alors se tourner vers une autre instance juridictionnelle.

2. Dont la possibilité est ouverte par l'article 55 de la Constitution qui dispose que les traités internationaux, sous certaines réserves, ont une valeur supérieure à la loi nationale.

est loin d'être le cas actuellement... Depuis l'arrêt *Ruiz-Mateos c/ Espagne* du 23 juin 1993, la Cour européenne des droits de l'homme considère en effet que l'article 6 de la Convention européenne de sauvegarde des droits de l'homme et des libertés fondamentales, avec ce qu'il implique en termes de procès équitable (par exemple le respect d'une procédure contradictoire), s'applique aux juridictions constitutionnelles dès lors que le résultat de leurs décisions peut influer sur l'issue du litige débattu devant des juridictions ordinaires, ce qui est ici le cas. Certes les décisions du Conseil constitutionnel ne sont susceptibles d'aucun recours (article 62), mais il n'est pas certain qu'un tel obstacle soit reconnu par la Cour européenne des droits de l'homme, qui pourrait alors condamner le Conseil constitutionnel pour n'avoir pas satisfait au droit des parties, ce qui ferait un peu... désordre.

ARTICLE 62

Une disposition déclarée inconstitutionnelle **sur le fondement de l'article 61** ne peut être promulguée ni mise en application.

Une disposition déclarée inconstitutionnelle sur le fondement de l'article 61-1 est abrogée à compter de la publication de la décision du Conseil constitutionnel ou d'une date ultérieure fixée par cette décision. Le Conseil constitutionnel détermine les conditions et limites dans lesquelles les effets que la disposition a produits sont susceptibles d'être remis en cause.

Les décisions du Conseil constitutionnel ne sont susceptibles d'aucun recours. Elles s'imposent aux pouvoirs publics et à toutes les autorités administratives et juridictionnelles.

L'article 62 distingue les effets des décisions du Conseil constitutionnel selon qu'elles sont prises *a priori* ou *a posteriori*. Le premier alinéa concerne le premier cas et ne change rien à la rédaction actuelle : une disposition déclarée inconstitutionnelle n'entre pas dans l'ordre juridique. L'important est bien sûr ici le deuxième alinéa qui concerne les décisions prises sur le fondement du nouvel article 61-1. Le principe retenu est l'abrogation de la disposition de loi (ou de la loi tout entière) déclarée inconstitutionnelle, qui est alors retirée de l'ordre juridique et ne peut plus produire d'effets juridiques. Mais, la difficulté majeure du contrôle de constitutionnalité *a posteriori* est qu'il intervient sur du « droit vivant », c'est-à-dire sur une loi qui a déjà produit des effets (en créant des droits et obligations). D'où le problème de *l'effet dans le temps* des décisions d'inconstitutionnalité : l'abrogation du texte vaut-elle à partir de la décision du Conseil, plus tard (pour donner le temps d'anticiper les effets juridiques de l'abrogation), ou bien à partir de l'entrée en vigueur du texte abrogé ? Des solutions divergentes existent en Europe. La solution retenue ici est sage : l'abrogation ne vaut qu'à partir de la décision du Conseil constitutionnel (ou plus tard). Pour limiter l'insécurité juridique, le nouvel article 62 prévoit de surcroît la possibilité pour le Conseil de moduler les effets de sa décision. Si la solution retenue ici est sage, elle est très difficile à mettre en œuvre sur le plan technique et elle peut avoir des effets déstabilisants sur l'ordre juridique ; raison de plus pour regretter que la réforme constitutionnelle n'ait rien fait pour s'assurer véritablement de la « compétence » et de la légitimité des membres du Conseil constitutionnel. On peut regretter aussi que rien n'ait été prévu pour combler un éventuel « vide » juridique consécutif à l'abrogation par le Conseil constitutionnel d'un pan entier de la législation en vigueur ; il aurait été bienvenu de prévoir l'obligation pour le gouvernement et le Parlement de combler ce « vide » juridique, dans un délai fixé, à la demande du Conseil constitutionnel.

Ici encore, la réforme de 2008 a manqué une occasion de rénover en profondeur le contrôle de constitutionnalité en instaurant la possibilité d'« opinions dissidentes ». Le Conseil constitutionnel ne sera jamais une juridiction comme les autres. Ses décisions, même les plus techniques, sont fondamentalement politiques en ce qu'elles portent sur les règles communes de la cité. Il est donc essentiel de publiciser les désaccords qui le traversent afin que le public puisse en débattre et se faire sa propre opinion. À cette fin, chaque membre du Conseil devrait pouvoir exprimer publiquement son opinion par rapport à la décision qui vient d'être prise. Ce système des opinions dissidentes existe déjà dans de nombreux pays où elles sont systématiquement annexées au texte des décisions des cours constitutionnelles. L'opinion dissidente permet ainsi à chaque membre des cours constitutionnelles d'exprimer soit son désaccord sur le contenu et l'argumentation de la décision qui a été majoritairement adoptée, soit, s'il est en accord avec le contenu, sur la seule argumentation. Comme le montre l'analyse comparée du fonctionnement des cours constitutionnelles, ce système a un double avantage. D'une part, les opinions dissidentes conduisent à des décisions solidement motivées, argumentées et détaillées, dans la mesure où la majorité doit, face aux futures opinions dissidentes des minoritaires, convaincre du bien-fondé de son raisonnement par une démonstration rigoureuse. D'autre part, et c'est l'essentiel, parce que l'attention des médias et du public se porte tout autant sur les positions minoritaires que sur la décision elle-même, ces opinions dissidentes ouvrent au débat le plus large et font redécouvrir à ceux qui auraient tendance à l'oublier la dimension fondamentalement politique des questions constitutionnelles.

ARTICLE 63

Une loi organique détermine les règles d'organisation et de fonctionnement du Conseil constitutionnel, la procédure qui est suivie devant lui et notamment les délais ouverts pour le saisir de contestations.

Titre VIII

DE L'AUTORITÉ JUDICIAIRE

ARTICLE 64

Le président de la République est garant de l'indépendance de l'autorité judiciaire.

Il est assisté par le Conseil supérieur de la magistrature.

Une loi organique porte statut des magistrats.

Les magistrats du siège sont inamovibles.

ARTICLE 65

[Entrée en vigueur dans les conditions fixées par les lois et lois organiques nécessaires à leur application (article 46-I de la loi constitutionnelle n° 2008-724 du 23 juillet 2008).]

Le Conseil supérieur de la magistrature comprend une formation compétente à l'égard des magistrats du siège et une formation compétente à l'égard des magistrats du parquet.

La formation compétente à l'égard des magistrats du siège **est présidée par le premier président de la Cour de cassation**. Elle comprend, en outre, cinq magistrats du siège et un magistrat du parquet, un conseiller d'État désigné par le Conseil d'État, **un avocat ainsi que six personnalités qualifiées** qui n'appartiennent ni au Parlement, ni à l'ordre judiciaire, **ni à l'ordre administratif**. Le président de la République, le président de l'Assemblée nationale et le président du Sénat désignent chacun **deux personnalités qualifiées. La procédure prévue au dernier alinéa de l'article 13 est applicable aux nominations des personnalités quali-**

fiées. Les nominations effectuées par le président de chaque assemblée du Parlement sont soumises au seul avis de la commission permanente compétente de l'assemblée intéressée.

La formation compétente à l'égard des magistrats du parquet est **présidée par le procureur général près la Cour de cassation**. Elle comprend, en outre, cinq magistrats du parquet et un magistrat du siège, ainsi que le conseiller d'État, **l'avocat et les six personnalités qualifiées mentionnés au deuxième alinéa**.

La formation du Conseil supérieur de la magistrature compétente à l'égard des magistrats du siège fait des propositions pour les nominations des magistrats du siège à la Cour de cassation, pour celles de premier président de cour d'appel et pour celles de président de tribunal de grande instance. Les autres magistrats du siège sont nommés sur son avis conforme.

La formation du Conseil supérieur de la magistrature compétente à l'égard des magistrats du parquet donne son avis sur les nominations qui concernent les magistrats du parquet.

La formation du Conseil supérieur de la magistrature compétente à l'égard des magistrats du siège statue comme conseil de discipline des magistrats du siège. **Elle comprend alors, outre les membres visés au deuxième alinéa, le magistrat du siège appartenant à la formation compétente à l'égard des magistrats du parquet.**

La formation du Conseil supérieur de la magistrature compétente à l'égard des magistrats du parquet donne son avis sur les sanctions disciplinaires qui les concernent. **Elle comprend alors, outre les membres visés au troisième alinéa, le magistrat du parquet appartenant à la formation compétente à l'égard des magistrats du siège.**

Le Conseil supérieur de la magistrature se réunit en formation plénière pour répondre aux demandes d'avis formulées par le président de la République au titre de l'article 64. Il se prononce, dans la même formation, sur les questions relatives à la déontologie des magistrats ainsi que sur toute question relative au fonctionnement de la justice dont le saisit le ministre de la Justice. La formation plénière comprend trois des cinq magistrats du siège mentionnés au deuxième alinéa, trois des cinq magistrats du parquet mentionnés au troisième alinéa, ainsi que le conseiller d'État, l'avocat et les six personnalités qualifiées mentionnés au deuxième alinéa. Elle est présidée par le premier président de la Cour de cassation, que peut suppléer le procureur général près cette cour.

Sauf en matière disciplinaire, le ministre de la Justice peut participer aux séances des formations du Conseil supérieur de la magistrature.

Le Conseil supérieur de la magistrature peut être saisi par un justiciable dans les conditions fixées par une loi organique.

La loi organique détermine les conditions d'application du présent article.

Cette réforme du Conseil supérieur de la magistrature était très attendue et elle va dans le bon sens, même si on peut regretter que la révision s'en soit tenue au CSM et n'ait pas revisité entièrement le titre VIII de la Constitution consacré à l'« autorité judiciaire ». S'agissant donc du seul CSM, il faut d'abord saluer la fin de sa présidence par le président de la République, tant cette situation faisait peser le soupçon sur une institution chargée de gérer la carrière des magistrats et d'exercer le pouvoir disciplinaire au sein de la magistrature. Il faut aussi saluer une composition plus ouverte sur la société. Dorénavant, six personnalités n'appartenant ni au Parlement ni à l'ordre judiciaire siégeront au CSM, contre trois auparavant. Les non-magistrats (de l'ordre judiciaire) seront majoritaires lorsque le CSM siégera en matière de nominations, ou lorsque le CSM se réunira en formation plénière, écartant ainsi les risques de corporatisme, mais la parité magistrats/non-magistrats sera en revanche respectée lorsqu'il siégera en matière disciplinaire. On peut toutefois regretter que les nominations des personnalités « extérieures » restent le monopole d'autorités politiques (le président de la République et les présidents des deux assemblées) même si ces nominations feront l'objet d'un « contrôle » parlementaire sur le fondement du nouvel article 13, procédure qui n'écarte pas tout risque de politisation, et que, contrairement à ce que souhaitait le comité Balladur, il ne soit pas présidé par une personnalité « extérieure » au monde politico-judiciaire. On s'étonnera que le garde des Sceaux puisse continuer à participer aux séances du CSM (sauf en matière disciplinaire), même s'il résulte des débats à l'Assemblée nationale comme au Sénat, qu'il siégera alors sans voix délibérative. Enfin, au chapitre des points positifs de la réforme, il faut noter un très petit élargissement des attributions du CSM s'agissant des nominations des magistrats du parquet (auparavant il ne pouvait se prononcer sur les emplois pourvus en Conseil des ministres ; cette restriction a aujourd'hui disparu), et surtout la possibilité ouverte d'une saisine du CSM par les justiciables. Cette dernière innovation, devrait permettre, selon le comité Balladur qui en a eu l'initiative, de donner la possibilité au CSM d'« apporter des réponses disciplinaires aux désordres qui, survenant dans le service public de la justice, mettent en cause non pas le fond des décisions de justice mais le respect des garanties procédurales et le comportement professionnel des magistrats ». On aurait pu toutefois espérer que cette saisine soit également ouverte à chaque parlementaire ainsi qu'au Défenseur des droits.

Cette réécriture partielle, mais importante, de l'article 65 doit être lue au regard de l'article qui précède et auquel il est pour partie lié. L'article 64 dispose que le président de la République « est garant de l'indépendance de l'autorité judiciaire » et qu'il est assisté dans cette tâche par le Conseil supérieur de la magistrature. C'est ainsi que le CSM est réuni en formation plénière « pour répondre aux demandes d'avis » du président de la République, ou à d'autres questions posées par le ministre de la Justice. Le comité Balladur, pour trancher définitivement le cordon ombilical entre le CSM et le président de la République avait demandé, en vain, que contrairement aux dispositions de l'article 64 ce dernier ne soit plus « assisté par le Conseil supérieur de la magistrature ». Ce n'est sans doute pas le plus important, et on peut plutôt regretter que la nouvelle rédaction de l'article 65 ne prévoie par la possibilité d'autosaisine de la formation plénière du CSM sur toute question relative à la justice, et ne constitutionnalise pas, par exemple, certaines dispositions de la loi organique qui jusqu'à présent organise son fonctionnement[1]. En fait, le plus curieux est qu'alors que la discussion parlementaire a essentiellement porté sur la part respective des magistrats et des non-magistrats au sein du CSM, nul n'a visiblement remarqué la *contradiction* qui existe entre l'article 65 de la Constitution, dans sa nouvelle version, et l'article 64, qui dispose que « le président de la République est garant de l'indépendance de l'autorité judiciaire ». Cette contradiction est d'autant plus problématique que la réforme constitutionnelle tend à *officialiser* la pratique présidentialiste de la Ve République, c'est-à-dire celle qui voit le « président-arbitre » rêvé par les constituants de 1958 se transformer en « président-chef du gouvernement ». Dès lors que le président de la République, en fait si ce n'est en droit, est le chef *réel* du gouvernement, il a autorité sur le garde des Sceaux et dispose donc, indirectement, du pouvoir de donner des instructions aux magistrats du parquet. Au-delà de la personne de l'actuel président de la République – qui n'a pas donné jusqu'à présent des signes tangibles d'un intérêt marqué pour l'indépendance des juges – ou de celle de l'actuelle garde des Sceaux – qui ne cache pas qu'elle prend ses ordres directement à l'Élysée, du moins lorsque le Président et elle ne font pas vacances communes –, on a du mal à comprendre comment un personnage de l'État, fût-il directement élu par ses concitoyens, peut dans le même temps être le garant de l'indépendance de la justice et donner des ordres à des magistrats.

---

1. Par exemple, l'article 20 de la loi organique du 5 février 1994 prévoit que le CSM publie tous les ans le rapport d'activité de chacune de ses deux formations.

ARTICLE 66

Nul ne peut être arbitrairement détenu.

L'autorité judiciaire, gardienne de la liberté individuelle, assure le respect de ce principe dans les conditions prévues par la loi.

ARTICLE 66-1

Nul ne peut être condamné à la peine de mort.

Titre IX

LA HAUTE COUR

ARTICLE 67

Le président de la République n'est pas responsable des actes accomplis en cette qualité, sous réserve des dispositions des articles 53-2 et 68.

Il ne peut, durant son mandat et devant aucune juridiction ou autorité administrative française, être requis de témoigner non plus que faire l'objet d'une action, d'un acte d'information, d'instruction ou de poursuite. Tout délai de prescription ou de forclusion est suspendu.

Les instances et procédures auxquelles il est ainsi fait obstacle peuvent être reprises ou engagées contre lui à l'expiration d'un délai d'un mois suivant la cessation des fonctions.

ARTICLE 68

Le président de la République ne peut être destitué qu'en cas de manquement à ses devoirs manifestement incompatible avec l'exercice de son mandat. La destitution est prononcée par le Parlement constitué en Haute Cour.

La proposition de réunion de la Haute Cour adoptée par une des assemblées du Parlement est aussitôt transmise à l'autre qui se prononce dans les quinze jours.

La Haute Cour est présidée par le président de l'Assemblée nationale. Elle statue dans un délai d'un mois, à bulletins secrets, sur la destitution. Sa décision est d'effet immédiat.

Les décisions prises en application du présent article le sont à la majorité des deux tiers des membres composant l'assemblée concernée ou la Haute Cour. Toute délégation de vote est interdite. Seuls sont recensés les votes favorables à la proposition de réunion de la Haute Cour ou à la destitution.

Une loi organique fixe les conditions d'application du présent article.

Titre X

DE LA RESPONSABILITÉ PÉNALE DES MEMBRES DU GOUVERNEMENT

ARTICLE 68-1

Les membres du gouvernement sont pénalement responsables des actes accomplis dans l'exercice de leurs fonctions et qualifiés crimes ou délits au moment où ils ont été commis.

Ils sont jugés par la Cour de justice de la République.

La Cour de justice de la République est liée par la définition des crimes et délits ainsi que par la détermination des peines telles qu'elles résultent de la loi.

ARTICLE 68-2

La Cour de justice de la République comprend quinze juges : douze parlementaires élus, en leur sein et en nombre égal, par l'Assemblée nationale et par le Sénat après chaque renouvellement général ou partiel de ces assemblées et trois magistrats du siège à la Cour de cassation, dont l'un préside la Cour de justice de la République.

Toute personne qui se prétend lésée par un crime ou un délit commis par un membre du gouvernement dans l'exercice de ses fonctions peut porter plainte auprès d'une commission des requêtes.

Cette commission ordonne soit le classement de la procédure, soit sa transmission au procureur général près la Cour de cassation aux fins de saisine de la Cour de justice de la République.

Le procureur général près la Cour de cassation peut aussi saisir d'office la Cour de justice de la République sur avis conforme de la commission des requêtes.

Une loi organique détermine les conditions d'application du présent article.

ARTICLE 68-3

Les dispositions du présent titre sont applicables aux faits commis avant son entrée en vigueur.

Titre XI

LE CONSEIL ÉCONOMIQUE, SOCIAL *ET ENVIRONNEMENTAL*

Le Conseil économique et social, mis en place par la Constitution de 1958, qui lui consacre trois articles, est un organe consultatif chargé de représenter les intérêts économiques et sociaux auprès du gouvernement. Il est l'héritier du Conseil national économique mis en place en 1925 et 1936, puis consacré constitutionnellement en 1946 sous le nom de Conseil économique. Il avait alors un rôle de conseiller auprès du Parlement comme du gouvernement. En 1958, il est mis au service exclusif du pouvoir exécutif, ce qui exprime bien l'idéologie des élites planistes qui soutiennent le nouveau régime et qui défendent l'idée d'une « démocratie économique » pensée comme une alternative à un parlementarisme inadapté à la gestion de l'économie moderne. Il est ainsi chargé de « favoriser la collaboration des différentes catégories professionnelles » afin d'« assurer leur participation à la politique économique et sociale du gouvernement » (ordonnance organique du 29 décembre 1958). Durant l'été 1958, le général de Gaulle envisagera même d'en faire une seconde chambre parlementaire. L'idée resurgira périodiquement, y compris dans les rangs de la gauche mendésiste, puis disparaîtra définitivement avec l'échec du référendum de 1969, qui visait notamment à le fusionner avec le Sénat. La fin des « trente glorieuses » et la crise d'un modèle néocorporatiste de politiques publiques caractérisé par l'alliance des hauts fonctionnaires et des « forces vives » de la nation invalideront définitivement ce type de représentation « politique » des intérêts sociaux.

Aujourd'hui, le Conseil économique et social comprend 231 membres désignés pour cinq ans, 163 par les organisations les plus représentatives des différentes catégories socioprofessionnelles et 68 par le gouvernement (dont 40 « parmi des personnalités qualifiées dans les domaines économique, social, scientifique ou culturel »). Ses membres perçoivent un traitement égal au tiers de l'indemnité parlementaire ainsi que des indemnités de présence. Il se réunit soit en formations d'étude (les « sections », au nombre de neuf), soit en formation délibérante (l'assemblée) qui est celle qui rend les avis demandés par le gouvernement. Depuis la loi organique de 1984, il délibère dans la publicité.

Jusqu'à présent, le Conseil économique et social était obligatoirement saisi pour avis par le Premier ministre de « tout plan ou tout projet de loi de programme à caractère économique ou social » (mais pas des lois de finances, ce qui limitait bien sûr la portée de son intervention). Si le gouvernement déclare l'urgence, il doit donner son avis dans un délai d'un mois. Il peut être également saisi, cette fois de façon facultative, des projets de loi ou de décret ainsi que des propositions de loi qui entrent dans son domaine de compétence. Enfin, de sa propre initiative, il peut appeler l'attention du gouvernement sur les réformes économiques et sociales qui lui paraissent nécessaires.

Assemblée méconnue, dont les rapports sont en général de grande qualité, mais dont les avis – produits de majorités hétéroclites – sont souvent d'un intérêt mineur, le Conseil économique et social est aussi un lieu de rencontres et de dialogue entre les partenaires sociaux, ce qui n'est pas la moindre de ses fonctions même si elle peut apparaître un peu surannée à l'heure de la « société de communication ».

À l'initiative du comité Balladur, le Conseil a été rebaptisé. Il se dénommera désormais Conseil économique, social *et environnemental*, ce qui ne changera pas grand-chose puisque le CESE a déjà été saisi de longue date de questions environnementales, fournissant nombre de rapports au gouvernement sur ces thèmes, au motif qu'il était bien sûr compétent sur tous les sujets relatifs au « développement durable ».

ARTICLE 69

[Entrée en vigueur dans les conditions fixées par les lois et lois organiques nécessaires à leur application (article 46-I de la loi constitutionnelle n° 2008-724 du 23 juillet 2008).]

Le Conseil économique, social **et environnemental**, saisi par le gouvernement, donne son avis sur les projets de loi, d'ordonnance ou de décret ainsi que sur les propositions de loi qui lui sont soumis.

Un membre du Conseil économique, social **et environnemental** peut être désigné par celui-ci pour exposer devant les assemblées parlementaires l'avis du Conseil sur les projets ou propositions qui lui ont été soumis.

Le Conseil économique, social et environnemental peut être saisi par voie de pétition dans les conditions fixées par une loi organique.

Après examen de la pétition, il fait connaître au gouvernement et au Parlement les suites qu'il propose d'y donner.

Le droit de pétition auprès des chambres existe en France, de façon presque continue, depuis 1789. Les articles 147 à 151 du règlement de l'Assemblée nationale définissent les conditions de recevabilité de ces pétitions et leur « destin » ; elles peuvent en effet être « classées », renvoyées à une des commissions permanentes, à un ministre ou au Médiateur de la République (ce qui a été le cas pour un peu plus d'un tiers d'entre elles lors des cinq dernières législatures), ou bien encore être soumises à l'Assemblée nationale (ce qui n'a jamais été le cas lors des cinq dernières législatures). Bref, la pétition adressée au Parlement n'est sans doute pas l'outil le plus pertinent pour, en reprenant ici les termes de l'exposé des motifs de la révision constitutionnelle, « que les citoyens soient davantage écoutés, [...] que leurs aspirations soient mieux prises en compte ». Dès lors, inscrire dans la Constitution la possibilité de saisir le CESE par voie de pétition ressemble à une blague, alors même que ce modèle *corporatiste* de représentation des intérêts économiques et sociaux est totalement périmé et que les citoyens aspirent de plus en plus à une démocratie plus *participative*. Voilà ce que nous propose la Constitution Sarkozy en matière de nouveaux droits des citoyens : pouvoir saisir un organe qui ne représente rien et qui ne pèse sur rien, lequel réfléchira à ce qu'il pense faire de cette saisine citoyenne et qui, après réflexion, en parlera (comment ?) au Parlement et au gouvernement...

ARTICLE 70

Le Conseil économique, social et environnemental peut être consulté par le gouvernement et le Parlement sur tout problème de caractère économique, social **ou environnemental. Le gouvernement peut également le consulter sur les projets de loi de programmation définissant les orientations pluriannuelles des finances publiques.** Tout plan ou tout projet de loi de **programmation** à caractère économique, social **ou environnemental** lui est soumis pour avis.

La nouvelle rédaction de l'article 70 vise, pour l'essentiel, à tirer la conséquence de la possibilité désormais ouverte à l'article 34 de voter des lois de programmation définissant les orientations pluriannuelles des finances publiques (mais le CESE n'est toujours pas saisi de la loi de finances annuelle).

ARTICLE 71

La composition du Conseil économique, social **et environnemental, dont le nombre de membres ne peut excéder deux cent trente-trois**, et ses règles de fonctionnement sont fixées par une loi organique.

Si la place du Conseil économique, social et environnemental reste floue dans le dispositif institutionnel de la Ve République, et si l'on peut douter de son utilité réelle, le maintien de l'institution oblige en tout cas à renouveler profondément sa composition (au-delà de la fixation, sur le modèle de ce qui a été fait pour l'Assemblée nationale et le Sénat, du nombre maximal de ses membres). C'est ce qu'a proposé très fermement le comité Balladur : « Le Comité a estimé que sa composition, fixée par l'ordonnance du 29 décembre 1958 [...] devait impérativement être actualisée. *Elle correspond à l'état de la société française telle que le législateur organique a pu l'apprécier en 1958.* [...] La modification de la composition du Conseil ne peut être envisagée qu'à effectif constant, il est apparu au Comité qu'elle devait obéir à des principes simples : revoir le poids de la représentation du monde agricole ; modifier la pondération entre les représentants des entreprises publiques et ceux des entreprises privées ainsi qu'entre les représentants des entreprises et ceux des salariés ; réserver une place, au nombre des personnalités qualifiées, à celles d'entre elles qui sont dotées d'une expertise reconnue en matière scientifique et dans le domaine de la protection de l'environnement. Pour ce qui concerne la question de la représentation des syndicats, ce n'est pas par le biais d'une modification de la composition du Conseil qu'elle peut être traitée. C'est au gouvernement qu'il appartient de modifier les règles de représentativité des organisations syndicales, à charge pour le législateur organique d'en tirer les conséquences pour ce qui est de la composition même du Conseil économique et social. » Reste donc à savoir si le gouvernement modifiera, ou pas, la loi organique prévue à l'article 71...

Titre XI *bis*

LE DÉFENSEUR DES DROITS

ARTICLE 71-1

[Entrée en vigueur dans les conditions fixées par les lois et lois organiques nécessaires à leur application (article 46-I de la loi constitutionnelle n° 2008-724 du 23 juillet 2008).]

Le Défenseur des droits veille au respect des droits et libertés par les administrations de l'État, les collectivités territoriales, les établissements publics, ainsi que par tout organisme investi d'une mission de service public, ou à l'égard duquel la loi organique lui attribue des compétences.

Il peut être saisi, dans les conditions prévues par la loi organique, par toute personne s'estimant lésée par le fonctionnement d'un service public ou d'un organisme visé au premier alinéa. Il peut se saisir d'office.

La loi organique définit les attributions et les modalités d'intervention du Défenseur des droits. Elle détermine les conditions dans lesquelles il peut être assisté par un collège pour l'exercice de certaines de ses attributions.

Le Défenseur des droits est nommé par le président de la République pour un mandat de six ans non renouvelable, après application de la procédure prévue au dernier alinéa de l'article 13. Ses fonctions sont incompatibles avec celles de membre du gouvernement et de membre du Parlement. Les autres incompatibilités sont fixées par la loi organique.

Le Défenseur des droits rend compte de son activité au président de la République et au Parlement.

S'inspirant de l'exemple espagnol du Défenseur du Peuple, le comité Balladur avait proposé d'instituer un « Défenseur des droits fondamentaux ». Ce dernier devait être élu par l'Assemblée nationale à la majorité des trois cinquièmes et devait pouvoir saisir le Conseil constitutionnel, procéder à des contrôles sur place et sur pièces dans les services des administrations, adresser des injonctions à l'administration et s'adresser directement au Parlement pour l'assister dans sa mission de contrôle et d'évaluation des politiques publiques. Surtout, ce Défenseur devait se substituer à l'ensemble des autorités administratives indépendantes qui interviennent dans le champ de la protection des libertés (Médiateur de la République, Défenseur des enfants, HALDE, Contrôleur général des lieux de privation de liberté, CNIL, etc.) et bénéficier des moyens administratifs mis à la disposition jusqu'à présent de ces autorités administratives indépendantes. C'est en fait une très pâle réplique du modèle ibérique qui est inscrite aujourd'hui sous un titre spécifique de la Constitution. Le Défenseur des droits n'est qu'une consécration constitutionnelle du Médiateur de la République – créé par la loi du 3 janvier 1973 et dont les attributions et les pouvoirs ont été renforcés à plusieurs reprises depuis[1] – puisqu'il reprendra pour l'essentiel les fonctions exercées jusqu'à présent par le Médiateur. La principale différence tient dans le fait que le Défenseur des droits pourra être saisi d'une réclamation sans intermédiaire. On notera également qu'il ne sera plus nommé en Conseil des ministres, comme le Médiateur, mais selon la nouvelle procédure prévue à l'article 13. Reste que flou de l'article 71-1 peut légitimement inquiéter tant que n'a pas été adoptée la loi organique qui définit les attributions et les modalités d'intervention du Défenseur des droits : quel sera le périmètre exact de son d'intervention ? Ne va-t-il pas empiéter par exemple sur les attributions du Contrôleur général des lieux de privatisation de liberté, du Défenseur des enfants ou encore sur celles de la Commission nationale de déontologie de la sécurité ? N'est-ce pas une façon subreptice de revenir sur le rôle d'autres autorités administratives indépendantes, dont les attributions gênent généralement le(s) pouvoir(s), comme la Commission nationale de l'informatique et des libertés (CNIL). À cela, on peut ajouter que la focalisation de la réforme sur le Défenseur des droits fait apparaître, par contraste, des manques criants, s'agissant par exemple de la garantie constitutionnelle du pluralisme, en particulier dans les médias (s'agissant notamment du rôle du CSA).

1. Notamment par la loi du 24 décembre 1976 qui lui a attribué un pouvoir d'injonction en cas d'inexécution d'une décision de justice passée en force de chose jugée, et par la loi du 12 avril 2000 qui a créé des délégués territoriaux du Médiateur et lui a permis de s'autosaisir.

Titre XII

DES COLLECTIVITÉS TERRITORIALES

ARTICLE 72

Les collectivités territoriales de la République sont les communes, les départements, les régions, les collectivités à statut particulier et les collectivités d'outre-mer régies par l'article 74. Toute autre collectivité territoriale est créée par la loi, le cas échéant en lieu et place d'une ou de plusieurs collectivités mentionnées au présent alinéa.

Les collectivités territoriales ont vocation à prendre les décisions pour l'ensemble des compétences qui peuvent le mieux être mises en œuvre à leur échelon.

Dans les conditions prévues par la loi, ces collectivités s'administrent librement par des conseils élus et disposent d'un pouvoir réglementaire pour l'exercice de leurs compétences.

Dans les conditions prévues par la loi organique, et sauf lorsque sont en cause les conditions essentielles d'exercice d'une liberté publique ou d'un droit constitutionnellement garanti, les collectivités territoriales ou leurs groupements peuvent, lorsque, selon le cas, la loi ou le règlement l'a prévu, déroger, à titre expérimental et pour un objet et une durée limités, aux dispositions législatives ou réglementaires qui régissent l'exercice de leurs compétences.

Aucune collectivité territoriale ne peut exercer une tutelle sur une autre. Cependant, lorsque l'exercice d'une compétence nécessite le concours de plusieurs collectivités territoriales, la loi peut autoriser l'une d'entre elles ou un de leurs groupements à organiser les modalités de leur action commune.

Dans les collectivités territoriales de la République, le représentant de l'État, représentant de chacun des membres du gouvernement, a la charge des intérêts nationaux, du contrôle administratif et du respect des lois.

ARTICLE 72-1

La loi fixe les conditions dans lesquelles les électeurs de chaque collectivité territoriale peuvent, par l'exercice du droit de pétition, demander l'inscription à l'ordre du jour de l'assemblée délibérante de cette collectivité d'une question relevant de sa compétence.

Dans les conditions prévues par la loi organique, les projets de délibération ou d'acte relevant de la compétence d'une collectivité territoriale peuvent, à son initiative, être soumis, par la voie du référendum, à la décision des électeurs de cette collectivité.

Lorsqu'il est envisagé de créer une collectivité territoriale dotée d'un statut particulier ou de modifier son organisation, il peut être décidé par la loi de consulter les électeurs inscrits dans les collectivités intéressées. La modification des limites des collectivités territoriales peut également donner lieu à la consultation des électeurs dans les conditions prévues par la loi.

ARTICLE 72-2

Les collectivités territoriales bénéficient de ressources dont elles peuvent disposer librement dans les conditions fixées par la loi.

Elles peuvent recevoir tout ou partie du produit des impositions de toutes natures. La loi peut les autoriser à en fixer l'assiette et le taux dans les limites qu'elle détermine.

Les recettes fiscales et les autres ressources propres des collectivités territoriales représentent, pour chaque catégorie de collectivités, une part déterminante de l'ensemble de leurs ressources. La loi organique fixe les conditions dans lesquelles cette règle est mise en œuvre.

Tout transfert de compétences entre l'État et les collectivités territoriales s'accompagne de l'attribution de ressources équivalentes à celles qui étaient consacrées à leur exercice. Toute création ou extension de compétences ayant pour conséquence d'augmenter les dépenses des collectivités territoriales est accompagnée de ressources déterminées par la loi.

La loi prévoit des dispositifs de péréquation destinés à favoriser l'égalité entre les collectivités territoriales.

ARTICLE 72-3

La République reconnaît, au sein du peuple français, les populations d'outre-mer, dans un idéal commun de liberté, d'égalité et de fraternité.

La Guadeloupe, la Guyane, la Martinique, la Réunion, Mayotte, **Saint-Barthélemy, Saint-Martin**, Saint-Pierre-et-Miquelon, les îles Wallis et Futuna et la Polynésie française sont régis par l'article 73 pour les départements et les régions d'outre-mer, et pour les collectivités territoriales créées en application du dernier alinéa de l'article 73, et par l'article 74 pour les autres collectivités.

Le statut de la Nouvelle-Calédonie est régi par le titre XIII.

La loi détermine le régime législatif et l'organisation particulière des Terres australes et antarctiques françaises **et de Clipperton**.

> Le deuxième alinéa de l'article 72-3 tire les conséquences de la loi du 21 février 2007 qui a créé deux nouvelles collectivités d'outre-mer : les îles de Saint-Barthélemy et de Saint-Martin. Grâce à la nouvelle rédaction du quatrième alinéa, les crabes, les fous masqués et les lézards qui vivent à Clipperton seront heureux d'apprendre que c'est la loi (ce qui était déjà le cas depuis 2007) qui détermine le régime législatif et l'organisation sur cette île qui s'étend sur 2 kilomètres carrés de terres émergées. Mais il est vrai que ce minuscule atoll permet à la France de bénéficier d'une zone économique exclusive s'étendant sur 425 000 kilomètres carrés dans le Pacifique Est (avec à la clef, notamment, des quotas de pêche au thon).

ARTICLE 72-4

Aucun changement, pour tout ou partie de l'une des collectivités mentionnées au deuxième alinéa de l'article 72-3, de l'un vers l'autre des régimes prévus par les articles 73 et 74, ne peut intervenir sans que le consentement des électeurs de la collectivité ou de la partie de collectivité intéressée ait été préalablement recueilli dans les conditions prévues à l'alinéa suivant. Ce changement de régime est décidé par une loi organique.

Le président de la République, sur proposition du gouvernement pendant la durée des sessions ou sur proposition conjointe des deux assemblées, publiées au *Journal officiel*, peut décider de consulter les électeurs d'une collectivité territoriale située outre-mer sur une question relative à son organisation, à ses compétences ou à son régime législatif. Lorsque la consultation porte sur un changement prévu à l'alinéa précédent et est organisée sur proposition du gouvernement, celui-ci fait, devant chaque assemblée, une déclaration qui est suivie d'un débat.

ARTICLE 73

[Entrée en vigueur dans les conditions fixées par les lois et lois organiques nécessaires à leur application (article 46-I de la loi constitutionnelle n° 2008-724 du 23 juillet 2008).]

Dans les départements et les régions d'outre-mer, les lois et règlements sont applicables de plein droit. Ils peuvent faire l'objet d'adaptations tenant aux caractéristiques et contraintes particulières de ces collectivités.

Ces adaptations peuvent être décidées par ces collectivités dans les matières où s'exercent leurs compétences et si elles y ont été habilitées, **selon le cas, par la loi ou par le règlement**.

Par dérogation au premier alinéa et pour tenir compte de leurs spécificités, les collectivités régies par le présent article peuvent être habilitées, **selon le cas, par la loi ou par le règlement**, à fixer elles-mêmes les règles applicables sur leur territoire, dans un nombre limité de matières pouvant relever du domaine de la loi **ou du règlement**.

Ces règles ne peuvent porter sur la nationalité, les droits civiques, les garanties des libertés publiques, l'état et la capacité des personnes, l'organisation de la justice, le droit pénal, la procédure pénale, la politique étrangère, la défense, la sécurité et l'ordre publics, la monnaie, le crédit et les changes, ainsi que le droit électoral. Cette énumération pourra être précisée et complétée par une loi organique.

La disposition prévue aux deux précédents alinéas n'est pas applicable au département et à la région de la Réunion.

Les habilitations prévues aux deuxième et troisième alinéas sont décidées, à la demande de la collectivité concernée, dans les conditions et sous les réserves prévues par une loi organique. Elles ne peuvent intervenir lorsque sont en cause les conditions essentielles d'exercice d'une liberté publique ou d'un droit constitutionnellement garanti.

La création par la loi d'une collectivité se substituant à un département et une région d'outre-mer ou l'institution d'une assemblée délibérante unique pour ces deux collectivités ne peut intervenir sans qu'ait été recueilli, selon les formes prévues au second alinéa de l'article 72-4, le consentement des électeurs inscrits dans le ressort de ces collectivités.

> Les modifications introduites à l'article 73 par les sénateurs visent à permettre au pouvoir réglementaire d'habiliter les assemblées des départements et régions d'outre-mer à adapter les dispositions réglementaires qui s'appliquent dans ces collectivités territoriales. Cette nouvelle rédaction permettrait de clarifier le dispositif d'habilitation, en laissant le pouvoir réglementaire intervenir dans le domaine du décret et le législateur dans le domaine de la loi. Il risque en fait de le compliquer. Auparavant l'habilitation valait pour toutes les normes en vigueur ; désormais lorsque l'habilitation sera législative, il faudra qu'une habilitation réglementaire l'accompagne, sinon le pouvoir donné à la collectivité territoriale sera incomplet. Comme l'a dit le rapporteur à l'Assemblée nationale lors de la seconde lecture du projet : il s'agit d'un changement « dont on peut seulement regretter qu'il soit introduit sans avoir fait au préalable l'objet d'une analyse approfondie ni que sa nécessité ait été démontrée ». CQFD.

ARTICLE 74

Les collectivités d'outre-mer régies par le présent article ont un statut qui tient compte des intérêts propres de chacune d'elles au sein de la République.

Ce statut est défini par une loi organique, adoptée après avis de l'assemblée délibérante, qui fixe :

– les conditions dans lesquelles les lois et règlements y sont applicables ;

– les compétences de cette collectivité ; sous réserve de celles déjà exercées par elle, le transfert de compétences de l'État ne peut porter sur les matières énumérées au quatrième alinéa de l'article 73, précisées et complétées, le cas échéant, par la loi organique ;

– les règles d'organisation et de fonctionnement des institutions de la collectivité et le régime électoral de son assemblée délibérante ;

– les conditions dans lesquelles ses institutions sont consultées sur les projets et propositions de loi et les projets d'ordonnance ou de décret comportant des dispositions particulières à la collectivité, ainsi que sur la ratification ou l'approbation d'engagements internationaux conclus dans les matières relevant de sa compétence.

La loi organique peut également déterminer, pour celles de ces collectivités qui sont dotées de l'autonomie, les conditions dans lesquelles :

– le Conseil d'État exerce un contrôle juridictionnel spécifique sur certaines catégories d'actes de l'assemblée délibérante intervenant au titre des compétences qu'elle exerce dans le domaine de la loi ;

– l'assemblée délibérante peut modifier une loi promulguée postérieurement à l'entrée en vigueur du statut de la collectivité, lorsque le Conseil constitutionnel, saisi notamment par les autorités de la collectivité, a constaté que la loi était intervenue dans le domaine de compétence de cette collectivité ;

– des mesures justifiées par les nécessités locales peuvent être prises par la collectivité en faveur de sa population, en matière d'accès à l'emploi, de droit d'établissement pour l'exercice d'une activité professionnelle ou de protection du patrimoine foncier ;

– la collectivité peut participer, sous le contrôle de l'État, à l'exercice des compétences qu'il conserve, dans le respect des garanties accordées sur l'ensemble du territoire national pour l'exercice des libertés publiques.

Les autres modalités de l'organisation particulière des collectivités relevant du présent article sont définies et modifiées par la loi après consultation de leur assemblée délibérante.

ARTICLE 74-1

Dans les collectivités d'outre-mer visées à l'article 74 et en Nouvelle-Calédonie, le gouvernement peut, par ordonnances, dans les matières qui demeurent de la compétence de l'État, étendre, avec les adaptations nécessaires, les dispositions de nature législative en vigueur en métropole ou adapter les dispositions de nature législative en vigueur à l'organisation particulière de la collectivité concernée, sous réserve que la loi n'ait pas expressément exclu, pour les dispositions en cause, le recours à cette procédure.

Les ordonnances sont prises en Conseil des ministres après avis des assemblées délibérantes intéressées et du Conseil d'État. Elles entrent en vigueur dès leur publication. Elles deviennent caduques en l'absence de ratification par le Parlement dans le délai de dix-huit mois suivant cette publication.

ARTICLE 75

Les citoyens de la République qui n'ont pas le statut civil de droit commun, seul visé à l'article 34, conservent leur statut personnel tant qu'ils n'y ont pas renoncé.

ARTICLE 75-1

Les langues régionales appartiennent au patrimoine de la France.

En première lecture, de façon très consensuelle, l'Assemblée nationale avait complété l'article 1er de la Constitution en y faisant figurer le fait que « les langues régionales appartiennent [au] patrimoine » de la France. Mais le Sénat, tout aussi massivement, aussi bien dans la majorité que dans l'opposition, s'est opposé à la consécration des langues régionales dans la Constitution, avec le soutien du gouvernement. C'est l'Assemblée nationale qui a eu gain de cause, même si la reconnaissance des langues régionales n'apparaît plus cette fois que dans le titre de la Constitution relatif aux collectivités territoriales, ce qui, d'une certaine façon, en atténue la portée symbolique. S'il ne faut pas exagérer les effets attendus de cette reconnaissance constitutionnelle, cette dernière devrait favoriser juridiquement les politiques de promotion des langues régionales (notamment dans le domaine de l'enseignement, avec l'exemple des écoles Diwan) et pourrait faciliter également la ratification de la Charte européenne des langues régionales ou minoritaires de 1999, jugée inconstitutionnelle sur plusieurs points par le Conseil constitutionnel[1].

---

1. Décision n° 99-412 DC du 15 juin 1999.

Titre XIII

DISPOSITIONS TRANSITOIRES RELATIVES À LA NOUVELLE-CALÉDONIE

ARTICLE 76

Les populations de la Nouvelle-Calédonie sont appelées à se prononcer avant le 31 décembre 1998 sur les dispositions de l'accord signé à Nouméa le 5 mai 1998 et publié le 27 mai 1998 au *Journal officiel de la République française*.

Sont admises à participer au scrutin les personnes remplissant les conditions fixées à l'article 2 de la loi n° 88-1028 du 9 novembre 1988.

Les mesures nécessaires à l'organisation du scrutin sont prises par décret en Conseil d'État délibéré en Conseil des ministres.

ARTICLE 77

Après approbation de l'accord lors de la consultation prévue à l'article 76, la loi organique, prise après avis de l'assemblée délibérante de la Nouvelle-Calédonie, détermine, pour assurer l'évolution de la Nouvelle-Calédonie dans le respect des orientations définies par cet accord et selon les modalités nécessaires à sa mise en œuvre :

– les compétences de l'État qui seront transférées, de façon définitive, aux institutions de la Nouvelle-Calédonie, l'échelonnement et les modalités de ces transferts, ainsi que la répartition des charges résultant de ceux-ci ;

– les règles d'organisation et de fonctionnement des institutions de la Nouvelle-Calédonie et notamment les conditions dans lesquelles certaines catégories d'actes de l'assemblée délibérante de la Nouvelle-Calédonie pourront être soumises avant publication au contrôle du Conseil constitutionnel ;

– les règles relatives à la citoyenneté, au régime électoral, à l'emploi et au statut civil coutumier ;

– les conditions et les délais dans lesquels les populations intéressées de la Nouvelle-Calédonie seront amenées à se prononcer sur l'accession à la pleine souveraineté.

Les autres mesures nécessaires à la mise en œuvre de l'accord mentionné à l'article 76 sont définies par la loi.

Pour la définition du corps électoral appelé à élire les membres des assemblées délibérantes de la Nouvelle-Calédonie et des provinces, le tableau auquel se réfèrent l'accord mentionné à l'article 76 et les articles 188 et 189 de la loi organique n° 99-209 du 19 mars 1999 relative à la Nouvelle-Calédonie est le tableau dressé à l'occasion du scrutin prévu audit article 76 et comprenant les personnes non admises à y participer.

Titre XIV

DE LA FRANCOPHONIE
ET DES ACCORDS D'ASSOCIATION

ARTICLE 87

La République participe au développement de la solidarité et de la coopération entre les États et les peuples ayant le français en partage.

Qui peut être contre la francophonie ? Cet article (et la nouvelle dénomination du titre XIV de la Constitution), sans aucune portée normative, résulte d'un amendement présenté au Sénat et adopté à l'unanimité. On y retrouve l'esprit de l'article 1er de la Charte de la francophonie, signée à Antananarivo le 22 novembre 2005 : « La Francophonie, consciente des liens que crée entre ses membres le partage de la langue française et des valeurs universelles, et souhaitant les utiliser au service de la paix, de la coopération, de la solidarité et du développement durable, a pour objectifs d'aider : à l'instauration et au développement de la démocratie, à la prévention, à la gestion et au règlement des conflits, et au soutien à l'État de droit et aux droits de l'homme ; l'intensification du dialogue des cultures et des civilisations ; au rapprochement des peuples par leur connaissance mutuelle ; au renforcement de leur solidarité par des actions de coopération multilatérale en vue de favoriser l'essor de leurs économies ; à la promotion de l'éducation et de la formation. »

ARTICLE 88

La République peut conclure des accords avec des États qui désirent s'associer à elle pour développer leurs civilisations.

Titre XV

DE L'UNION EUROPÉENNE

Le titre XV de la Constitution, qui encadre constitutionnellement les rapports entre la France et l'Union européenne, est devenu très difficilement lisible. Il a été modifié par la loi constitutionnelle n° 2008-103 du 4 février 2008, afin de permettre la ratification par la France du traité de Lisbonne, et bon nombre de ses dispositions ne vaudront qu'« à compter de l'entrée en vigueur du traité de Lisbonne modifiant le traité sur l'Union européenne et le traité instituant la Communauté européenne, signé le 13 décembre 2007 ». Après l'échec du référendum irlandais, en juin 2008, il faut donc revenir aux anciennes dispositions constitutionnelles. Ainsi, pour ne prendre que cet exemple, le titre XV doit toujours se dénommer « Des communautés européennes et de l'Union européenne », alors que début 2008 il avait été décidé de le nommer « De l'Union européenne » pour tenir compte du fait qu'avec le traité de Lisbonne les « communautés européennes » disparaissaient. Mais cela n'est rien. La loi constitutionnelle n° 2008-724 du 23 juillet 2008, dite de « modernisation des institutions de la Ve République », celle donc qui conduit à la Constitution Sarkozy, a encore modifié le contenu de trois articles du titre XV, avec un mécanisme à double détente pour les articles 88-4 et 88-5 : une version qui peut s'appliquer en attendant qu'entre en vigueur le traité de Lisbonne, et une version qui ne s'appliquera que si entre en vigueur le traité de Lisbonne. En l'état, si l'on veut présenter de façon exhaustive le titre XV de la Constitution, il faudrait distinguer les articles qui n'ont pas été modifiés par la réforme de février 2008, ceux qui ont été modifiés par la réforme de février 2008 mais qui ne s'appliqueront pas avant l'entrée en vigueur du traité de Lisbonne, ceux qui ont été modifiés à nouveau par la réforme de juillet 2008 et qui s'appliquent tout de suite, les mêmes mais dans la version qui ne s'appliquera qu'après l'entrée en vigueur du traité de Lisbonne. Dire que certains trouvaient le traité établissant une Constitution pour l'Europe incompréhensible… Pour rendre les choses plus faciles au lecteur, j'ai choisi de retenir une version « consolidée » des deux révisions de février et juillet 2008, même si cette version ne s'appliquera jamais, qui a l'avantage de traduire une intention constituante.

ARTICLE 88-1

La République participe à l'Union européenne constituée d'États qui ont choisi librement d'exercer en commun certaines de leurs compétences en vertu du traité sur l'Union européenne et du traité sur le fonctionnement de l'Union européenne, tels qu'ils résultent du traité signé à Lisbonne le 13 décembre 2007.

ARTICLE 88-2

La loi fixe les règles relatives au mandat d'arrêt européen en application des actes pris par les institutions de l'Union européenne.

ARTICLE 88-3

Sous réserve de réciprocité et selon les modalités prévues par le traité sur l'Union européenne signé le 7 février 1992, le droit de vote et d'éligibilité aux élections municipales peut être accordé aux seuls citoyens de l'Union résidant en France. Ces citoyens ne peuvent exercer les fonctions de maire ou d'adjoint ni participer à la désignation des électeurs sénatoriaux et à l'élection des sénateurs. Une loi organique votée dans les mêmes termes par les deux assemblées détermine les conditions d'application du présent article.

ARTICLE 88-4

Le gouvernement soumet à l'Assemblée nationale et au Sénat, dès leur transmission au Conseil de l'Union européenne, **les projets ou propositions d'actes des Communautés européennes et de l'Union européenne**[1].

1. À compter de l'entrée en vigueur du traité de Lisbonne, le premier alinéa de l'article 88-4 deviendra : « Le gouvernement soumet à l'Assemblée nationale et au Sénat, dès leur transmission au Conseil de l'Union européenne, les projets d'actes législatifs européens et les autres projets ou propositions d'actes de l'Union européenne » (art. 47-I-1° de la loi constitutionnelle du 23 juillet 2008).

Selon des modalités fixées par le règlement de chaque assemblée, des résolutions **européennes** peuvent être **adoptées**, le cas échéant en dehors des sessions, sur les projets ou propositions mentionnés au premier alinéa, **ainsi que sur tout document émanant d'une institution de l'Union européenne.**

Au sein de chaque assemblée parlementaire est instituée une commission chargée des affaires européennes.

Sous la Ve République, l'action diplomatique relève du président de la République – l'article 52 de la Constitution lui confie la responsabilité de négocier et de ratifier les traités. C'est particulièrement le cas en matière européenne, même si c'est le Premier ministre qui dispose, *via* le secrétariat général aux affaires européennes (SGAE), des instruments administratifs de la coordination interministérielle des politiques européennes. Jusqu'au traité de Maastricht, la politique européenne de la France s'est entièrement définie hors de tout contrôle parlementaire organisé, alors que les questions européennes quittaient progressivement le domaine de la politique « étrangère » pour devenir un élément structurant de toute la politique « intérieure ». Depuis la révision constitutionnelle du 25 juin 1992, préalable à la ratification du traité de Maastricht, le Parlement a été doté d'une capacité de suivi des affaires européennes. La modification de l'article 88-4 poursuit une série de réformes, constitutionnelles ou pas, qui ont permis l'amélioration de l'information du Parlement sur les questions européennes et qui l'ont doté d'une certaine capacité d'intervention dans ces matières.

Il s'est agi ici, tout d'abord, d'élargir la liste des documents européens qui sont soumis obligatoirement au Parlement par le gouvernement. Ce ne sont donc plus seulement les projets ou propositions d'actes européens de nature législative (c'est-à-dire qui entrent dans le « domaine » de la loi française) que le gouvernement devra dorénavant transmettre au Parlement, mais tous les projets ou propositions d'actes européens sans qu'il soit nécessaire de distinguer selon qu'ils sont de nature législative ou réglementaire (distinction qui n'a pas grand sens en termes européens). Jusqu'à présent, le premier alinéa de l'article 88-4 disposait également que le gouvernement avait la faculté de transmettre au Parlement « tout document » (autre que les propositions ou projets d'actes) « émanant d'une institution de l'Union européenne » (par exemple les livres blancs de la Commission européenne). Cette précision a été curieusement supprimée, comme si était anticipée ici l'entrée en vigueur du traité de Lisbonne qui prévoit que ce type de documents non normatifs sera désormais transmis directement aux parlements nationaux par l'Union européenne. En revanche, ils sont bien mentionnés au deuxième alinéa et entrent donc dans le champ des résolutions (dites dorénavant « européennes » pour les distinguer des résolutions qui peuvent être votées en application de l'article 34-1) qui peuvent être adoptées dans chaque assemblée. Ces résolutions ont pour vocation de faire connaître au gouvernement la position de l'Assemblée nationale ou du Sénat sur tel ou tel projet d'acte européen ou sur un document émanant d'une institution européenne, mais ne produisent pas d'effet juridique (elles ne constituent pas, en particulier, des injonctions au gouvernement de négocier avec les partenaires européens dans tel ou tel sens). Environ trois cents textes sont transmis au Parlement chaque année, et sont examinés dans un premier temps par les délégations à l'Union européenne (désormais « commissions chargées des affaires européennes », voir ci-dessous) de l'Assemblée nationale et du Sénat. Au terme de leur examen, les délégations ont la possibilité de rédiger un rapport d'information, de saisir le gouvernement ou une commission permanente de chaque assemblée d'une question posée par le texte examiné, ou encore de proposer une résolution transmise à la commission compétente de chaque assemblée (qui peut soit l'adopter directement, soit demander son inscription à l'ordre du jour de l'assemblée concernée). Une circulaire du Premier ministre du 22 novembre 2005 établit une « réserve d'examen parlementaire » : chaque assemblée dispose d'un délai d'un mois pour indiquer qu'elle souhaite se prononcer sur un projet d'acte ou un document qui lui a été soumis en application de l'article 88-4. Dès lors, si une proposition de résolution a été déposée, le gouvernement doit s'opposer (sauf en cas d'urgence) à ce qu'une décision définitive soit adoptée par les institutions européennes avant que la résolution puisse être prise en considération.

Le dernier alinéa constitutionnalise les délégations à l'Union européenne (qui existent dans chaque assemblée depuis 1979 et dont le rôle s'est considérablement accru depuis le traité de Maastricht) en les baptisant désormais « commissions chargées des affaires européennes ». L'essentiel du débat parlementaire a porté malheureusement sur une question de terminologie, le Sénat préférant parler de « comité » (comme le rapport Balladur) tandis que l'Assemblée nationale, qui l'a emporté, militant pour le terme de « commission ». Ces commissions, qui n'ont pas le même statut que les commissions permanentes, et ne travaillent pas sur les textes législatifs, seront bien sûr amenées à entretenir des liens étroits et « transversaux » avec les commissions permanentes dont les travaux sont nécessairement influencés par les décisions prises au niveau européen, s'agissant en particulier de la transposition des directives. Si l'on ajoute à cela que ces commissions seront vraisemblablement chargées de contrôler le respect du principe de subsidiarité par les institutions européennes (article 88-6), on peut regretter que le texte de l'article 88-4 soit si discret sur leur composition et leurs compétences exactes.

ARTICLE 88-5

Tout projet de loi autorisant la ratification d'un traité relatif à l'adhésion d'un État à l'Union européenne est soumis au référendum par le président de la République.

Toutefois, par le vote d'une motion adoptée en termes identiques par chaque assemblée à la majorité des trois cinquièmes, le Parlement peut autoriser l'adoption du projet de loi selon la procédure prévue au troisième alinéa de l'article 89.

À l'initiative de Jacques Chirac, alors président de la République, un article 88-5 avait été ajouté à la Constitution lors de la réforme constitutionnelle du 1er mars 2005, préalable à la ratification du traité établissant une Constitution pour l'Europe. Alors que les lois ratifiant les traités internationaux sont des lois « ordinaires » adoptées par l'Assemblée nationale et le Sénat selon la procédure législative habituelle, cet article prévoyait que la loi autorisant la ratification d'un traité relatif à l'adhésion d'un nouvel État à l'Union européenne devait obligatoirement faire l'objet d'un référendum. Il s'agissait, comme tout le monde l'a alors compris, d'une disposition visant l'éventuelle adhésion de la Turquie, puisqu'elle ne concernait pas les « adhésions faisant suite à une conférence intergouvernementale dont la convocation a été décidée par le Conseil européen avant le 1er juillet 2004[1] ». Il s'agissait, pour Jacques Chirac, de céder au lobby « antiturc » de sa propre majorité, lobby conduit par... Nicolas Sarkozy. Ce dernier a d'ailleurs reconduit pratiquement à l'identique cette disposition dans la réforme constitutionnelle qu'il a fait voter, en février 2008, en préalable à la ratification du traité de Lisbonne.

Le comité Balladur, critiquant à mots couverts ce dispositif « antiturc », a proposé une modification de l'article 88-5, reprise dans le projet de Nicolas Sarkozy. Toute loi autorisant la ratification d'un traité élargissant l'Union européenne aurait pu être adoptée, après un vote en termes identiques des deux chambres, selon la procédure prévue à l'article 89 de la Constitution : soit la voie référendaire, soit la voie du Parlement réuni en Congrès (avec la nécessité d'obtenir la majorité des trois cinquièmes des suffrages exprimés). Mais, le lobby « antiturc » est revenu à la charge à l'Assemblée nationale. Les députés UMP, amendant l'article 88-5 avec l'approbation du gouvernement, ont préféré conserver le principe du référendum obligatoire préalablement à l'entrée éventuelle de la Turquie dans l'Union européenne, tout en écartant cette obligation

1. Article 2 de la loi constitutionnelle du 4 février 2008.

pour d'autres pays candidats. D'où une rédaction alambiquée qui faisait appel à la démographie et rendait obligatoire le référendum pour les seuls États dont la population représentait plus de 5 % de la population de l'Union. Le Sénat, sans doute plus « européen », s'est alors vivement opposé à cette réécriture de l'article 88-5. Jean-Jacques Hyest, le rapporteur du projet au Sénat, a par exemple durement critiqué « un dispositif particulier pour une catégorie d'États déterminée sur le fondement d'un critère démographique », notant que « l'insertion dans notre Constitution de dispositions visant, même indirectement, un État étranger, au risque de le stigmatiser, ne correspond pas à notre tradition juridique ». Le Sénat a dès lors rétabli la version initiale du projet de loi constitutionnelle. Renonçant à leur amendement, les députés UMP sont revenus à la charge, en seconde lecture, et ont modifié de façon substantielle ce qui est devenu le nouvel article 88-5 : le principe du référendum est maintenu[1], sauf si députés et sénateurs votent en termes identiques, à la majorité des trois cinquièmes, une motion demandant que la loi de ratification soit soumise au Congrès (qui, lui aussi, doit se prononcer à la majorité des trois cinquièmes). Autrement dit, le référendum n'est plus obligatoire – en apparence, les frontières de l'Union européenne ne sont donc plus fatalement soumises aux contraintes très particulières du vote référendaire (où l'on vote souvent sur d'autres questions que celle qui est soumise à l'électorat) –, mais il est pratiquement certain... Belle hypocrisie ! Ajoutons à cela que le Sénat dispose ici, une nouvelle fois, d'un véritable droit de veto...

ARTICLE 88-6

L'Assemblée nationale ou le Sénat peuvent émettre un avis motivé sur la conformité d'un projet d'acte législatif européen au principe de subsidiarité. L'avis est adressé par le président de l'assemblée concernée aux présidents du Parlement européen, du Conseil et de la Commission européenne. Le gouvernement en est informé.

Chaque assemblée peut former un recours devant la Cour de justice de l'Union européenne contre un acte législatif européen pour violation du principe de subsidiarité. Ce recours est transmis à la Cour de justice de l'Union européenne par le gouvernement.

---

1. Et il concernera toujours principalement la Turquie puisque selon l'article 47-III de la loi constitutionnelle du 23 juillet 2008, l'article 88-5 ne concerne pas les processus d'adhésion engagés avant 2004.

À cette fin, des résolutions peuvent être adoptées, le cas échéant en dehors des sessions, selon des modalités d'initiative et de discussion fixées par le règlement de chaque assemblée. **À la demande de soixante députés ou de soixante sénateurs, le recours est de droit.**

L'article 88-6 comme l'article 88-7 ont été introduits dans la Constitution en février 2008 pour tenir compte des nouveaux pouvoirs que confère le traité de Lisbonne aux parlements nationaux, et spécialement leur participation au contrôle du respect, par les institutions européennes, du principe de subsidiarité. C'est dans ce cadre, comme le prévoit le deuxième alinéa de l'article 88-6, que chaque assemblée, une fois le traité entré en vigueur, pourra saisir la Cour de justice de l'Union européenne d'un recours contre un acte législatif européen qu'elle estimerait contraire au principe de subsidiarité. En juillet 2008, à l'initiative de la gauche, les députés ont amendé le dernier alinéa dans un sens très positif (s'inspirant d'une réforme récente du Bundestag allemand). De la même façon que la saisine du Conseil constitutionnel est ouverte à l'opposition, la saisine de la Cour de justice de l'Union européenne le sera aussi, car ce qui est en jeu est ici tout aussi important que la constitutionnalité des lois puisqu'il s'agit du respect par les institutions européennes de la compétence législative du Parlement français.

ARTICLE 88-7

Par le vote d'une motion adoptée en termes identiques par l'Assemblée nationale et le Sénat, le Parlement peut s'opposer à une modification des règles d'adoption d'actes de l'Union européenne dans les cas prévus, au titre de la révision simplifiée des traités ou de la coopération judiciaire civile, par le traité sur l'Union européenne et le traité sur le fonctionnement de l'Union européenne, tels qu'ils résultent du traité signé à Lisbonne le 13 décembre 2007.

Titre XVI

DE LA RÉVISION

ARTICLE 89

L'initiative de la révision de la Constitution appartient concurremment au président de la République sur proposition du Premier ministre et aux membres du Parlement.

Le projet ou la proposition de révision doit être **examiné dans les conditions de délai fixées au troisième alinéa de l'article 42** et voté par les deux assemblées en termes identiques. La révision est définitive après avoir été approuvée par référendum.

Toutefois, le projet de révision n'est pas présenté au référendum lorsque le président de la République décide de le soumettre au Parlement convoqué en Congrès ; dans ce cas, le projet de révision n'est approuvé que s'il réunit la majorité des trois cinquièmes des suffrages exprimés. Le bureau du Congrès est celui de l'Assemblée nationale.

Aucune procédure de révision ne peut être engagée ou poursuivie lorsqu'il est porté atteinte à l'intégrité du territoire.

La forme républicaine du gouvernement ne peut faire l'objet d'une révision.

C'est à l'économie qu'a été modifié l'article 89, afin d'y mentionner que les projets ou les propositions de révision de la Constitution sont examinés par les deux chambres du Parlement dans les mêmes conditions de délai que pour les lois ordinaires (troisième aliéna de l'article 42) ; précision qui peut sembler superfétatoire. En revanche, deux réformes s'imposaient, qui n'ont même pas été discutées, pour mettre fin tout d'abord au droit de veto dont dispose le Sénat sur les réformes constitutionnelles, puisque ces dernières requièrent un vote en termes identiques des deux assemblées (ce qui rend improbables des réformes impulsées par une majorité de gauche, mais qui conduit aussi, de façon générale, le Sénat à adopter une attitude extrêmement conservatrice et protectrice de ses propres intérêts d'institution), et pour mettre fin ensuite au veto implicite que la Constitution offre au président de la République en ne fixant pas de délais entre la première étape de la révision (vote du Parlement) et la seconde (référendum ou réunion du Congrès). Le comité Balladur avait suggéré qu'en cas de refus d'une révision constitutionnelle par l'une des deux assemblées tandis que l'autre aurait adopté le texte à la majorité des trois cinquièmes, il soit possible de saisir directement le peuple par référendum. Il avait proposé également que, lorsque le projet ou la proposition de révision a été voté par les deux assemblées en termes identiques, la révision doive faire l'objet d'un référendum organisé dans les six mois par le président de la République. Les deux suggestions n'ont pas été retenues, et la procédure de révision constitutionnelle est toujours aussi cadenassée.

TABLE DES MATIÈRES

MODERNISER LES INSTITUTIONS ?

TEXTE COMMENTÉ DE LA CONSTITUTION SARKOZY

Du même auteur

chez le même éditeur

Pour comprendre la Constitution européenne, 2005

La Constitution de la 6ᵉ République (avec Arnaud Montebourg), 2005

• • • SAGIM • CANALE • • •

Achevé d'imprimer en février 2009
sur rotative Variquik
à Courtry (77181)

Cet ouvrage a été transcodé et mis en pages
chez NORD COMPO (Villeneuve-d'Ascq)

Imprimé en France

N° d'édition : 7381-2250-X
Dépôt légal : février 2009
N° d'impression : 11260

L'imprimerie Sagim-Canale est titulaire de la marque
Imprim'vert® depuis 2004